Meisterwerke kurz und bündig

Shakespeares Hamlet
Von Frank Günther

SERIE PIPER

Meisterwerke kurz und bündig
Herausgegeben von Olaf Benzinger

»To be, or not to be – that is the question.« Dieses Zitat aus Shakespeares »Hamlet« ist längst zum geflügelten Wort geworden. »Hamlet«, entstanden um 1600, ist Shakespeares längste und zugleich schwierigste Tragödie: Sie ist immer wieder anders interpretiert worden, und sie fordert noch immer zu neuen Deutungen heraus. Das enorme Gedankenuniversum dieses großen Werkes, die Komplexität und Fülle ihrer Figuren und Ideen ist nicht leicht im Kopf zu behalten. Frank Günther verhilft kurz und bündig zu einem Überblick, indem er Inhalt, Entstehung und Wirkungsgeschichte und das, was man über William Shakespeare wissen muß, anschaulich zusammenstellt. Ein höchst kurzweiliges Kompendium mit allen wichtigen Deutungen, Daten, Fakten und Hintergrundinformationen.

Frank Günther, 1947 in Freiburg geboren, studierte Germanistik, Anglistik und Theaterwissenschaft, war Regieassistent, unter anderem in England, und Regisseur an verschiedenen Theatern. Nach ersten Übersetzungen moderner und elisabethanischer Dramatiker widmete er sich ganz der Neuübersetzung des Gesamtwerkes von William Shakespeare, die seit 1995 erscheint und 2009 abgeschlossen sein wird.

Shakespeares Hamlet

Von Frank Günther

Piper München Zürich

In der Reihe »Meisterwerke kurz und bündig« liegen vor:
Homers Ilias und Odyssee (von Gerhard Fink, Serie Piper 2885)
Goethes Faust (von Michael Lösch, Serie Piper 2886)
Wagners Ring (von Robert Maschka, Serie Piper 2887)
Michelangelos Sixtinische Kapelle (von Lieselotte Bestmann, Serie Piper 2888)
Prousts Auf der Suche nach der verlorenen Zeit (von Philipp Reuter, Serie Piper 2890)
Dantes Göttliche Komödie (von Fritz R. Glunk, Serie Piper 2891)
Dostojewskijs Schuld und Sühne (von Fritz R. Glunk, Serie Piper 3135)
Ovids Metamorphosen (von Gerhard Fink, Serie Piper 3136)
Sgt. Pepper's Lonely Hearts Club Band der Beatles
(von Olaf Benzinger, Serie Piper 3137)
Joyce' Ulysses (von Frank Zumbach, Serie Piper 3138)
Thomas Manns Zauberberg (von Dirk Heißerer, Serie Piper 3141)
Die vier edlen Wahrheiten des Buddha (von Frank Zechner, Serie Piper 3142)
Cervantes' Don Quijote (von Horst Weich, Serie Piper 3150)
Musils Mann ohne Eigenschaften (von Thomas Kraft, Serie Piper 3185)
Grass' Blechtrommel (von Heinz Gockel, Serie Piper 3303)
Platons große Dialoge (von Gerhard Fink, Serie Piper 3353)
Shakespeares Hamlet (von Frank Günther, Serie Piper 3366)
Einsteins Relativitätstheorie (von Otto Krätz, Serie Piper 3390)

Originalausgabe
September 2001

Umschlag: Büro Hamburg
Stefanie Oberbeck, Isabel Bünermann
Umschlagabbildung: CSA Archive / photonica
Redaktion und Satz: Lektyre Verlagsbüro
Olaf Benzinger, Germering
Druck und Bindung: Clausen & Bosse, Leck
Printed in Germany ISBN 3-492-23366-X

Inhalt

Ein unerschöpflicher Mythos

Die männliche Mona Lisa

Hamlet wurde einmal als die Mona Lisa unter den Charakteren der Weltliteratur bezeichnet. Allerdings lächelt er nicht rätselhaft und unergründlich, sondern grübelt geheimnisvoll und unauslotbar. Das Bild eines schwarzgekleideten Jünglings, in unendlich schöner Trauer einen weißen Totenschädel anstarrend, prägt den Mythos des Stückes. Und so wenig, wie die Mona Lisa ihr Geheimnis preisgibt, so beharrlich verweigert sich Shakespeares HAMLET allen Versuchen, das »Herz seines Geheimnisses« endgültig ans Licht zu bringen.

Diese Versuche haben zu einem wahren Berg von weiterführenden Texten geführt. Es hat jemand einmal ausgerechnet, daß ein durchschnittlich gebildeter Mensch mit üblicher Lesegeschwindigkeit bei im Schnitt acht Lesestunden pro Tag und einer Lebenserwartung von siebzig Jahren es *nicht* schaffen würde, alles zu lesen, was über HAMLET geschrieben wurde.

Ersichtlich kann Shakespeare all das freilich gar nicht gemeint haben, was über seinen Text so alles gedacht und gesagt worden ist. Ebenso ersichtlich muß es aber auch etwas Besonderes mit diesem Theaterstück auf sich haben, wenn es über Jahrhunderte hinweg immer wieder unterschiedlichste Gedanken und konträrste Interpretationen provozieren konnte.

Der vierhundert Jahre alte HAMLET gilt als derjenige Text im westlichen Literaturkanon, mit dem der Mensch der Moderne die Bühne der Welt betrat. Und so unterschiedlich, wie die Selbstentwürfe dieses modernen Menschen waren, so unterschiedlich waren auch die Sichtweisen, unter denen HAMLET gelesen wurde. Überspitzt formuliert: Der HAMLET wurde von den Betrachtern jeweils immer wieder neu erfunden.

In der Textgestalt, in der er uns heute vorliegt, wurde er von Shakespeare etwa im Jahr 1600 in London erfunden.

Im Jahr 1600

Manchen Jahreszahlen und besonders den Jahrhundertwenden wird gern ein besonderer symbolischer Sinn zugeschrieben. Etwas Altes scheint zu enden, etwas Neues heraufzudämmern. Am symbolischen Schnittpunkt dieses Alten und Neuen wurde im Jahr 1600 der HAMLET geschrieben. Es kann auch 1599 oder 1601 gewesen sein, so genau weiß man das nicht – jedenfalls handelt HAMLET von zwei Epochen im Übergang.

Eine düstere Fin-de-siècle-Stimmung lag am Ausgang des 16. Jahrhunderts über England. Nicht nur die üblichen Warner und Mahner, die schon immer gewußt hatten, daß alles immer nur schlechter würde, nicht nur die Zeichengläubigen, die in Sonnen- und Mondfinsternissen Vorboten kommenden Unheils sahen, nicht nur die wachen Köpfe, die die Vorgänge im Staat genau beobachteten, spürten dieses unterirdische Rumoren; es herrschte auch im breiten Volk ein sorgenvolles Unbehagen, was die Zukunft des Landes anging. Es war nicht mehr zu über-

Während William Shakespeare in London bei Kerzenlicht seinen HAMLET schrieb,
– verbrannte in Rom der Ketzer Giordano Bruno auf dem päpstlichen Scheiterhaufen ...
– blätterte in Graz Johannes Kepler als Stiftslehrer für Mathematik und Moral vorsichtig in den riskanten Schriften des Kopernikus, der die Sonne ins Zentrum des Kosmos gerückt hatte ...
– murmelte in Padua Professor Galileo Galilei verstohlen sein »Nein, die Erde bewegt sich«, grübelte über das neue heliozentrische Bild des Universums nach und war der heiligen Inquisition noch nicht in die Hände gefallen ...
– begann in London Francis Bacon gerade über die Grundlagen objektiver wissenschaftlicher Erkenntnis nachzudenken und stand kurz vor der epochalen Einsicht »Wissen ist Macht« ...
– wurden auf dem europäischen Festland die Fronten für den Dreißigjährigen Krieg abgesteckt, der achtzehn Jahre später beginnen sollte ...
– hielt die Pest ihren mörderischen Siegeszug in Europa.

sehen: Die unverheiratete Königin Elizabeth, die so lange für eine prekare Stabilität Englands gesorgt hatte, wurde alt.

Zwar war sie noch immer die wandelnde Ikone Englands, strahlendes Symbol der nationalen Größe, theatralische Mischung aus phantastisch kostümierter Modekönigin und strahlender Machthaberin, aus protestantischer Marienerscheinung und katholischer Gottgesalbten, das prunkvolle Zentrum eines übersteigerten, schwülen Hofkultes und eines atemberaubenden Zeremoniells: »Gloriana« hieß sie, die »nur mit England verheiratet« war; als »Mondgöttin« hofierte man sie, als keusche Diana, Herrscherin eines theatralisierten Zauberreichs, das den Blick blendete –, aber sie mußte zur Herstellung der ewigen Jugendschönheit die weiße Schminke nunmehr schon fingerdick auftragen, und wenn sie lächelte, bekam der Putz Risse. Die schöne Fassade begann zu blättern, mit der sie England so lange derart erfolgreich regiert hatte, daß man vom »Goldenen Zeitalter Englands« sprach.

Die gute alte Zeit oder: Englands Goldenes Zeitalter

Durch die Entdeckung Amerikas war das bisherige wirtschaftliche Welthandelszentrum Venedig, das den ganzen Ost-West-Warenverkehr mit Indien abgewickelt hatte, unwichtig geworden und London auf der abgelegenen englischen Insel ins Zentrum des neuen transatlantischen Handels gerückt. Mancher in England wurde plötzlich ungeheuer reich – das Gold und Silber aus den amerikanischen Minen strömte nur so, Ihrer Majestät Seefahrer (oder See*räuber*, wie man's nimmt) wie Francis Drake brachten unglaubliche Schätze aufs Inselreich, englische Handelsmonopolgesellschaften und Kaufleute entwickelten einen noch nie dagewesenen Außenhandel, und durch die neuen Methoden der Finanzspekulation und Kapitalvermehrung konnte mancher riesige Gewinne und Reichtümer einheimsen.

Elizabeth hatte den blutigen Religionskonflikt, der seit der Trennung der englischen Kirche vom Papst durch Heinrich VIII. im Jahr 1534 das Land zerrüttet hatte, mit einem Kompromiß entschärft, indem sie protestantisches Glaubensdogma mit Resten katholischer Liturgie überzuckerte, die englische Kirche als Nationalkirche gründete und sich selbst zu einer Art protestantischer Jungfrau Maria stilisierte; die feindlichen kontinentalen Mächte hatte sie, die »Jungfräuliche«, mit einer Schaukelpolitik aus nie gehaltenen Eheversprechen gegeneinander ausgespielt und damit dreißig Jahre lang Krieg vom englischen Heimatland ferngehalten; mit dem glanzvollen Sieg über die spanische Armada des katholischen Philipp II. hatte sie das protestantische England vor der Rekatholisierung bewahrt und gleichzeitig englischen Nationalstolz, Patriotismus und Loyalität zur Krone in nie gekanntem Ausmaß geweckt.

Bei Konflikten zwischen Parlament und Krone wußte sie raffiniert auf Konsenslösungen hinzusteuern, und sogar das nationale Bürgerkriegstrauma der Rosenkriege, in dem die selbstherrlichen Regionalfürsten der Häuser York und Lancaster England bis zur Selbstauslöschung verwüstet hatten, verheilte unter ihrer Regentschaft: Elizabeth hatte die hahnenstolzen, aggressiven Earls von ihren verstreuten Latifundien an den königlichen Hof gelockt, wo sie sie scharf im Auge behalten konnte, und hatte sie mit Koketterie, einem bewußt inszenierten post-ritterlichen Lifestyle und verliehenen Handels-Pfründen an der kurzen Leine geführt.

So war ihr prunkvoller Hof zum Machtzentrum eines modernen, zentralistischen Staates geworden und zugleich zum kulturellen Nährboden für Musik, Malerei und vor allem Literatur. Es war ein Goldenes Zeitalter des euphorischen wirtschaftlichen Aufschwungs gewesen, der Eroberung neuer Grenzen, der Befriedung im Innern und der Sicherung gegen außen, ein Schmelztiegel neuer Gedanken und geistiger Strömungen.

Aber die Königin wurde alt, und *gloom and doom* breitete sich vor der Jahrhundertwende aus.

Die Große Depression oder: Gloom and Doom

Nun änderten sich die Dinge – alles hatte plötzlich auch eine Kehrseite. Elizabeths so genial eingesetzte »Jungfräulichkeit« hatte dem Land auch eine bedrohliche Hypothek auferlegt: Es gab keinen Thronerben; ohne Thronfolger konnte England aber leichte Beute ausländischer Potentaten werden. Ohne Herrscher waren die Hierarchien und Ordnungen des Staates in Gefahr, und nichts fürchteten die Elizabethaner mehr als einen Rückfall in Unsicherheit, Chaos und Unordnung.

Der war aber längst in vollem Gange. Es knirschte gewaltig im Gebälk des Goldenen Zeitalters, das boomende kapitalistische neue Wirtschaften zeigte erstmals ein häßliches Gesicht: Durch eine galoppierende Inflation und durch rasende Preissteigerungen, die niemand begriff und niemand steuern konnte, kam es zu einer schweren wirtschaftlichen Krise. In Verbindung mit Mißernten, Hungersnöten und einer extremen Bevölkerungsexplosion entstand eine enorme Arbeitslosigkeit, und Massen entwurzelter Menschen vagabundierten ziellos durchs Land.

Auch der Religionskompromiß schien nur mehr auf dünnem Eis gegründet: Er stellte weder die Protestanten noch die Katholiken im Land zufrieden, und so wurden die fundamentalistischen Puritaner immer radikaler, drängten in die Schaltstellen der Verwaltung und opponierten gegen Kirche und Krone. Die heimlichen Katholiken aber intrigierten gegen Elizabeth mit katholischen Ländern wie Schottland und Spanien und vor allem mit dem Papst. Es kam zu katholischen Mordkomplotten gegen die Königin, das Trauma der Rebellion brach wieder auf in dunklen Vorahnungen, die sich im bewaffneten Umsturzversuch des Earl of Essex im Jahre 1601 bewahrheiten sollten.

Die Aura des Hofes wurde suspekt: Dieser Laufsteg der Moden und der Mätzchen, des zur Schau gestellten Prunks und der theatralischen Selbststilisierung erschien immer zwiespältiger als eine Welt des Unechten, des Falschen und des Scheins. Streit, der früher barbarisch mit Waffengewalt und Heeren ausgetragen worden war, wurde zwar zivilisiert zum Kampf auf dem Intrigen-Schlachtfeld des Hofes. Aber nun wurden Kabalen, Verstellung, Verschleierung, gegenseitiges eifersüchtiges Spionieren und Bespitzeln die neuen Waffen im täglichen Machtkampf um die Gunst der Monarchin, und das Posieren und Maskieren des eigenen Ich wurde zur Kunst erhoben – mit allen üblen Folgen wie Verlogenheit, Unehrlichkeit und Unaufrichtigkeit, die das Miteinander der Menschen vergifteten.

Statt daß man sich mit seinem Platz im Gefüge einer ständischen Gesellschaft zufriedengab, galt Aufsteiger-Ehrgeiz als neue »Tugend«, die mit Geldgier und Gewinnsucht Hand in Hand ging. Durch die neue Macht des Goldes kam es zu großen gesellschaftlichen Auf- und Abstiegen: Die Klassenschranken wurden durchlässig, alter Adel sank verarmt ab, tatkräftig neureiches Bürgertum konnte sich in wichtige Machtstellungen einkaufen und selbst adelig werden, der aufsteigende Bauer trat dem »Adligen auf die Hacken« … – kurz, das ehemals feste Ordnungsgefüge begann gefährlich zu schwanken, ja, sogar der Gedanke, daß es überhaupt eine feste, gottgeschaffene Ordnung mit dem Menschen als Mittelpunkt gäbe, wurde fragwürdig.

Englands Goldenes Zeitalter stand im Jahr 1600, als Shakespeare in Boomtown London seinen HAMLET schrieb, vor einer düsteren Zukunft.

London

Die Stadt schien zu explodieren. Um 1500 hatte London nur etwa 60 000 Einwohner und war ein Kuhdorf gegen andere europäische Metropolen; um 1560 lebten 100 000 Menschen in London und um 1600 schon unglaubliche 250 000 – in vierzig Jahren also hundertfünfzig Prozent Zuwachs! Der Handelsplatz zog Menschen an wie die Kerze die Motten. Und keineswegs alle lebten in Palästen.

London war nicht nur ein Marktplatz der Waren, sondern auch ein Jahrmarkt der Eitelkeiten, eine Bühne für internationale Moden und Selbstdarstellungen, ein einziges großes Theater der Maskenfeste und Huldigungsfeierlichkeiten – und der kostbaren Begräbniszeremonielle. Das Makabre lag nie fern: Die Pest, der Schwarze Tod, lauerte in jeder Ecke und konnte jederzeit jeden unversehens abberufen. Besonders wütete sie in den Elendsvierteln vor der Stadt. Gab es mehr als die üblichen zwanzig Pesttoten pro Woche, wurden die Theater geschlossen. Auf der London Bridge stanken die abgehackten Köpfe der Hochverräter, die zur Mahnung ausgestellt waren, vor sich hin, und der wöchentliche Markttag in Newgate wurde zum Volksfest, weil dort zur Abschreckung spannend sadistisch hingerichtet wurde.

London wurde aber auch zum intellektuellen Zentrum des Landes. In den Kreisen der Juristen, in den Schenkendisputen der Künstler und Schreiber, in den Stuben der Gelehrten prallten die neuesten Ideen auf die alten. Das scholastische Weltmodell, nach dem der Kosmos von Gott in hierarchischen Stufen geordnet war, wurde brüchig angesichts der neuen Ideen, die überall aufkamen: daß zum Beispiel der Mensch nicht im Mittelpunkt des Universums stände; daß der Mensch von vornherein von

Gott erwählt oder verdammt sei; daß alle Dinge nur einen relativen Wert, je nach individuellem Standpunkt, hätten und keinen absoluten; daß das Individuum eigenverantwortlich sei …

In Ringen legte sich die neue Besiedlung um die alte City, die einstmals gerade vom Tower im Osten bis zu Blackfriar's im Westen gereicht hatte. Hauptverkehrsader war die Themse, in der die Lachse und Störe sprangen und auf der man sich geschäftig mit kleinen Booten bewegte: Nur die London Bridge überspannte schon den Fluß hin zum Südufer nach Southwark.

Dieses Gebiet lag außerhalb der ordnenden Jurisdiktion der City of London, und so siedelte sich dort an, was in der von gottesfürchtig-gewinnsüchtigen Puritanern regierten Stadt verboten war – das ganze Vergnügungsviertel der neuen boomenden Weltstadt London. Da gab es die bluttriefenden Bärenhatz-Arenen, die Bordelle mit den armen syphiliskranken Huren, die Hahnen- und

Ein Zeitgenosse, Thomas Dekker, beschrieb die Stadt um 1600 so: »Überall auf den Straßen machen die Karren und Kutschen einen Lärm, als sei es die Welt selbst, die sich im Räderwerk drehte; an jeder Ecke drängen sich Männer, Frauen und Kinder in solcher Zahl, daß den Gebäuden Eckpfosten eingezogen werden, damit die Menschen sie nicht beiseite drücken. Aus diesem Hause dringt das Schlagen der Hämmer, aus jenem das Rumpeln der Bottiche, im nächsten das Scheppern der Töpfe, und im vierten werden klappernd die Wasserkrüge gefüllt. Träger ächzen unter ihren Lasten, die Diener der Kaufleute tragen das Geld in Säcken, Hausierer hüpfen wie Frösche vom einen Laden zum nächsten, Verkäufer sind immer auf den Beinen, als hätte jemand zum Tanz aufgespielt.«

Hundekampf-Hallen neben den Kaschemmen und vor allem diese ganz neuen Vergnügungsstätten, die öffentlichen Theater.

Die Theater

Ursprünglich waren es Wirtshäuser, die in den offenen Innenhöfen ein Bretterpodest für fahrende Schauspielertruppen bereithielten: Die Zuschauer saßen oder standen unter freiem Himmel oder im ersten Stock auf der umlaufenden, überdachten Galerie.

Das herumziehende Jahrmarktsgesindel war den puritanischen Stadtvätern ein Dorn im Auge. Mit Auflagen für die Wirte wurde das Theaterspielen immer schwieriger gemacht, so daß die Truppen schließlich aus Teilen der City verschwanden, in denen der Arm des Gesetzes zugreifen konnte. Gleich vor der Stadt aber entstanden nun etwas klobig wirkende Fachwerkbauten, die eine Art feste Freilichttheater darstellten. Gespielt wurde nachmittags, wenn das Wetter es zuließ. Eine Fahne verkündete der Stadt London auf dem anderen Themse-Ufer, daß es eine Vorstellung gab, und schon pilgerten die Lehrjungen und Handwerker, die Lakaien und Studenten, aber auch die adligen Stutzer vom Hof ins Elends- und Sündenbabel, um sich dort die neuesten Spektakel anzusehen – bewaffnet, denn die Gegend war nicht ungefährlich, und verproviantiert, denn Nüsseknacken bei den Vorstellungen gehörte dazu. So hatte man auch etwas, womit man schlechte Schauspieler bewerfen konnte.

Nicht ins Theater gingen vor allem die, die heute ins Theater gehen: die bürgerliche Schicht. Für die Puritaner war das Theater, das ja der Stadt auch täglich mehrere Tausende Arbeitskräfte entzog, unmoralisch und unsittlich, besonders da alle Frauenrollen von Knaben gespielt wurden und der Vorwurf homosexueller Umtriebe aufkam.

Das trotz solcher Anfeindungen aufblühende elizabethanische Theaterwunder speiste sich aus vielen Quellen: Die überlieferten klassischen Vorbilder eines Seneca und eines Plautus wurden bedenkenlos geplündert, die Motive und Muster der mittelalterlichen Kirchenspiele benutzt, die historischen Chroniken der englischen Geschichte ausgeschlachtet, die grobe Aufführungspraxis der fahrenden Straßenspieler assimiliert, und den Novellenschatz der französischen und italienischen Renaissance-Autoren nahm man als Fundgrube für Geschichten, die man auf englische Verhältnisse umschneidern konnte. Ein heterogenes, buntes Treiben entstand. Es gab keine Regeln, wie Theater zu funktionieren hatte, wichtig war, daß es neu,

Puritanischer Theaterhaß

»Wenn du heucheln lernen willst; wenn du betrügen lernen willst; wenn du täuschen lernen willst; wenn du lernen willst, wie man den Scheinheiligen spielt, hintergeht, lügt und fälscht; wenn du lernen willst, wie man witzelt, scherzt, schäkert, Fratzen schneidet und Zoten reißt; wenn du lernen willst, wie man dreckiger Zuhälter wird und Jungfrauen defloriert und brave Ehefrauen schändet; wenn du lernen willst, wie man mordet, klaut, stiehlt, raubt und vagabundiert; wenn du lernen willst, gegen Fürsten zu rebellieren, Hochverrat zu begehen, Vermögen zu verschleudern ..., wenn du lernen willst, wie man GOTT und seine Gebote mißachtet, brauchst du keine andere Schule, denn all diese schönen Beispiele kannst du in Schauspielen vor deinen Augen ausgemalt sehen.« (Pamphlet von Philipp Stubbes, 1583) spannend und publikumswirksam war, denn das aufs Neue gierige Publikum brachte gutes Geld.

Theater war ein Vergnügen, das sich nahezu jeder Londoner leisten konnte, sei es im billigen Stehparkett oder auf den teureren Galerieplätzen, wo die ironischen Adligen sich breitmachten. Mord und Totschlag, Wahnsinnsszenen, Staatsprunk, Geistererscheinungen und brutale Actionszenen, Degen-Gefechte so echt wie auf der Straße vorm Theater, Blut-Orgien aus angestochenen Schweinsblasen, herausgerissene Gedärme vom nächsten Schlachter – das war der Stoff, aus dem die Aufführungen gebastelt wurden, ohne Bühnenbild, ohne Beleuchtung, ohne magisch-schummerigen, illusionistischen Theaterdämmer: Verzaubernd auf der rohen Jahrmarktsbuden-Bretterbühne wirkte allein die Sprache, die das, was zur Illusion auf der Bühne fehlte, durch ihre suggestive Kraft in der Phantasie der Zuschauer zu übertragen hatte.

Es war trotzdem ein Welt-Theater: Über den Brettern, die die Welt bedeuten, spannte sich ein Baldachin, mit Sonne, Mond und Sternen bemalt. Darunter tobten, wüteten, liebten, litten und stritten die Könige und Bettler, die Bürger und Adligen, die Mörder und Verliebten um Reiche und Throne, um Anstand und Ehre, um Macht und Geld, und dort prallten die vielen aktuellen Themen der rätselhaften, verunsichernden Umbruchzeit aufeinander – von allem etwas, für alle etwas. Intellektuelles für die klügelnden Gebildeten, obszöne Witze fürs derbe Volk, dramatische Intrigen, effektvolle Prügeleien und gruselige Abschlachtereien für alle.

Die Stücke waren Abenteuer in fernen Ländern, in Italien, Frankreich, Dänemark, Amerika, sie waren gelegentlich staatstragend brav, gelegentlich wider die Zensur löckend und schlossen gewöhnlich mit einem *jig*, einem obszönen Tanz, und mit kabarettistischen Kalauern über die neusten Themen in der Stadt – das elizabethanische Theater war ein Brennspiegel seiner Zeit.

Allmählich wurden aus dem fahrenden Schauspieler-Gesindel seriöse Künstler und wohlhabende Geschäftsleute, sofern sie sich die Protektion eines hohen Adligen sichern konnten. Die Truppe, zu der William Shakespeare gehörte, nannte sich »The Lord Chamberlain's Men« und besaß das Theater *Globe* in Southwark. Die Truppe genoß hohes Ansehen und wurde häufig bei Hof eingeladen – Königin Elizabeth teilte hier eher den Geschmack des einfachen Volkes als den des puritanischen Bürgertums. Das Ensemble war nahezu genossenschaftlich organisiert, die wichtigsten Mitglieder besaßen Eigentumsanteile am Theatergebäude und teilten sich prozentual die Einnahmen.

William Shakespeare

Ein Stückeschreiber galt seinerzeit nicht als bedeutender Dichter. Er war ein beliebiger Hersteller von unterhaltsamer Gebrauchsware. Es gab viele davon, ihre Stücke wurden, wenn sie theatralischen Erfolg hatten, von Buchdrukkern als Raubdrucke wie Groschenhefte unters Volk gebracht. Den Namen des Autors zu nennen war dabei nicht besonders wichtig.

Shakespeares Name wurde aber sehr bald auf den Raubdrucken vermerkt – wohl ein Zeichen dafür, daß mit dem Namen Geld zu machen war: Der Mann war bekannt für spannende Texte.

So weiß man heute zwar mehr über Shakespeare als über viele seiner Kollegen, aber bei weitem nicht genug für eine richtig ordentliche Biographie. Seine Vita, die seinerzeit niemand für wichtig genug hielt, um sie aufzuschreiben, besteht also großenteils aus Lücken, die in späteren Zeiten mit Legenden und Anekdoten aufgefüttert wurden. Ziemlich sicher weiß man etwa folgendes:

Shakespeare wurde um den 23. April 1564 in dem Provinzstädtchen Stratford-upon-Avon geboren. Er war Sohn eines angesehenen Handschuhmachers, der später wichtige öffentliche Ämter bis hin zum Bürgermeister und Friedensrichter bekleidete. William ging – der Stellung seines Vaters entsprechend – anzunehmenderweise auf die gutbeleumundete örtliche Grammar School und heiratete mit achtzehn die acht Jahre ältere Anne Hathaway. Das Paar bekam drei Kinder.

Dann verlieren sich die Spuren. Jahre später taucht Shakespeare im brodelnden Hexenkessel London auf, ist plötzlich Schauspieler und schon 1592 bekannt als Dramenschreiber. Als Autor seiner Truppe, als Schauspieler und als Anteilseigner, der am Einspielergebnis beteiligt war, verdiente Shakespeare sehr ordentlich. Mit etwa 45 Jahren hatte er wahrscheinlich 37 Erfolgsstücke geschrieben (so genau weiß man das nicht, manches scheint verloren zu sein, beziehungsweise wurde in Zusammenarbeit mit anderen Autoren als Teamwork verfaßt).

Nun zog Shakespeare sich nach Stratford zurück, wo er als angesehener Bürger und gutsituierter Geschäftsmann bis zu seinem Tod im Jahr 1616 lebte. Sechs Jahre nach seinem Tod wurden seine Stücke, die in verschiedenen, manchmal sehr unterschiedlichen Fassungen vorlagen, von Freunden und Theaterkollegen gesammelt, nach besten Kräften redigiert und 1623 in der sogenannten »ersten Folio-Ausgabe« veröffentlicht; Shakespeare selbst hat also nie »Korrektur gelesen«, und daher enthalten die überlieferten Texte viele philologische Rätsel und Unstimmigkeiten. Irgendwann im Jahr 1600 erfand Shakespeare die Tragödie des Hamlet.

Die Quellen

Saxo Grammaticus

Shakespeare war aber keineswegs der eigentliche Erfinder des HAMLET. Wie fast alle seine Stücke ist auch dieses im Grunde nur die dramatisierende Bearbeitung eines Stoffes, der lange vor Shakespeare bekannt war und schon mehrere Umgestaltungen erfahren hatte, bevor Shakespeare ihn zu *seinem* Hamlet ausformte.

Die älteste bekannte Quelle ist im Volksgut der nordischen beziehungsweise isländischen Sagen zu finden. Ein dänischer Mönch namens Saxo Grammaticus hatte die Geschichte von »Amleth« Ende des 12. Jahrhunderts in seiner HISTORIAE DANICAE nacherzählt. Dort lautet der ursprüngliche Name des Titelhelden »amlothi« – kein besonders schmeichelhafter Name, denn das altnordische Wort bedeutet soviel wie »dumm, blöde, dämlich, tölpelhaft«. Hamlet, der Held der berühmten Tragödie, war also ein dummer Tropf. Saxo Grammaticus erzählt die Geschichte etwa folgendermaßen:

Auf Jütland lebte einst ein König namens Horwendil mit seiner Gemahlin Gerutha und dem Sohn Amleth. Eines Tages besiegte Horwendil im Zweikampf Mann gegen Mann den König von Norwegen. Diesen Erfolg neidete ihm aber sein Bruder Feng; Feng ermordet daher seinen Bruder und König und heiratet obendrein seine nunmehr verwitwete Schwägerin, die Königin Gerutha. Ganz offen und öffentlich begründet Feng seinen Brudermord damit, daß Horwendil seine Gattin so grausam mißhandelt habe. Amleth, der all das mit ansah, fürchtet nun Nachstellungen seines Onkels und jetzigen Stiefvaters; daher faßt er den Plan, den Blöden zu spielen. Mit dieser schlauen List verbarg er nicht nur seine Klugheit, sondern schuf auch Sicherheit für sich selbst. Alle Tage blieb er untätig, ungewaschen und mürrisch in sich gekehrt im Haus seiner Mutter, warf und wälzte sich häufig auf dem Fußboden und beschmierte sich mit Schmutz und Dreck.

Feng aber ist mißtrauisch und führt seinem Neffen ein schönes Mädchen zu, um damit die Echtheit seiner Blödigkeit zu prüfen; jedoch durchschaut Amleth die Falle und entgeht ihr. Dann schickt Feng Amleth Spione hinterher: Einer seiner Leute versteckt sich in Geruthas Zimmer unter einer Strohmatratze. Amleth entdeckt den Spion, ersticht ihn, zerstückelt die Leiche, kocht die Teile und verfüttert sie an die Schweine.

Als seine Mutter Gerutha ihn bei dieser Tat ertappt und ihn jammernd und erschüttert zur Rede stellt, fährt Amleth sie folgendermaßen an:

»Du ruchloseste aller Frauen! Willst du mit solchem verlogenen Gejammer deine abgrundtiefe Schuld verhehlen? Lüstern wie eine Hure bist du einen unsittlichen und verabscheuenswerten Ehestand eingegangen, in dem du an deinem blutschänderischen Busen den Mörder deines Ehemannes umarmst.« (Der Vorwurf der »Blutschande« ist hier keine verrückte Übertreibung, denn Inzest wurde nicht alleine biologisch definiert. Das mächtige Inzesttabu war wesentlich ein *soziales* Eheverbot, das sich auf bestimmte Mitglieder des eigenen »Clans« erstreckte, hier also auf die Heirat einer Frau mit ihrem Schwager.)

Feng sieht nun keinen anderen Ausweg, um den gefährlichen Neffen Amleth loszuwerden, als ihn umbringen zu lassen, und dies möglichst weit weg von Jütland, um Amleths Mutter Gerutha zu schonen. So schickt Feng seinen Neffen nach Britannien und gibt seinen beiden Begleitern einen Brief an den britischen König mit, in dem er diesen bittet, Amleth auf der Stelle umbringen zu lassen. Amleth entdeckt aber diesen Brief auf der Reise und schreibt ihn dahingehend um, daß der britische König die beiden Begleiter umbringen lassen und ihm, Amleth, seine Tochter zur Frau geben soll. So geschieht es: Die Begleiter sterben, und Amleth heiratet die britische Königstochter.

Gleich nach der Hochzeit bricht Amleth aber auf und kehrt nach Jütland zurück. Dort kommt er gerade zu den Feierlichkeiten zu seinem eigenen Tod zu Recht, die Feng in der Annahme ausrichten läßt, daß Amleth in Britannien gestorben sei. Amleth schreitet nun zur Rache: Er macht alle Höflinge betrunken, fesselt sie und steckt das königliche Schloß in Brand, so daß der gesamte Hofstaat in der Feuersbrunst dahingerafft wird. Seinen Stiefvater und Onkel Feng aber tötet er im Zweikampf Mann gegen Mann – nachdem er ihm zuvor ein unbrauchbares Schwert zugespielt hat. Nun wird Amleth rechtmäßiger König von Jütland.

Amleth, der zielstrebige, gnadenlose Rächer, hat mit seinem Vorgehen hohen Ruhm und große Ehre errungen, und so feiert ihn Saxos Grammaticus hymnisch mit den Worten:

»O tapferer Amleth, der unsterblichen Ruhmes Würdige, der so schlau bewaffnet mit vorgetäuschter Narrheit schier übermenschliche Klugheit unter einem Deckmantel von Tölpelhaftigkeit versteckt hat! Und der in seiner Schläue nicht nur Mittel fand, seine eigene Sicherheit zu schützen, sondern auch, von Schläue geführt, die Gele-

Rache!!!

Auch wenn der Weg noch weit ist, so ist dies doch schon in Grundzügen die Handlung von Shakespeares HAMLET. Die Saxo-Fabel enthält bereits wichtige thematische Versatzstücke:

- Brudermord;
- Inzest der Mutter durch ihre Ehe mit dem Schwager;
- gespielter Wahnsinn der Hauptfigur zur Tarnung;
- ein schönes Mädchen als Lockvogel, um Amleths Wahnsinn zu prüfen;
- die Ermordung eines Spions;
- der Streit mit der Mutter über ihre unsittliche Lüsternheit;
- die Reise nach England und die Ermordung der Begleiter;
- die gelungene Rache, der Tod des Übeltäters im Duell.

Es sind dramatisch wirkungsvolle, reißerische Muster, wie das elisabethanische Theater sie liebte.

»So sollt ihr hörn
Von lüstern unnatürlich-blutrünstigen Taten,
Von blinder Himmelsfügung, Zufallsmorden,
Von Toden durch Verstrickung, List, Gewalt.«
(Shakespeare, HAMLET, V.2, 383 ff.)

genheit schuf, seinen Vater zu rächen. Indem er so geschickt sein eigenes Leben verteidigte und so tatkräftig Rache für seinen Vater übte, läßt er uns im Zweifel, ob wir mehr seine Klugheit oder seine Tapferkeit rühmen sollen.«

In Saxos Chronik gibt es nicht den Schatten einer Kritik an Amleth und nicht den geringsten Zweifel an der Rechtlichkeit seines Vorgehens. Amleths Rachefeldzug und seine brutalen und sadistischen Schlächtereien werden begeistert gutgeheißen. Mit Amleths erfolgreicher

Rache ist die Welt wieder heil geworden. Es ist eine germanische, vorchristliche Moral, die hier in der primitiven alten Sage gefeiert wird.

François de Belleforest

Es ist anzunehmen, daß Shakespeare von der Chronik des alten Saxo auf die eine oder andere Weise direkt oder indirekt wußte. Ganz sicher gekannt haben wird er die HISTOIRES TRAGIQUES des François de Belleforest (veröffentlicht zwischen 1559 und 1582), die in elizabethanischer Zeit sehr beliebt waren. Belleforest erzählt ebenfalls die Geschichte des alten Dänen Amleth – allerdings hält er es für nötig, sich gleich anfangs für seine Protagonisten zu entschuldigen:

»Ihr müßt wissen, daß eine lange Zeit, bevor das Königreich Dänemark den Glauben an Jesus Christus empfing und die Lehre der Christen annahm, die gewöhnlichen Menschen dort barbarisch und unzivilisiert waren.«

Offenbar war es Belleforest bei der schlichten Moral der alten Amleth-Geschichte nicht ganz wohl: Sie erschien ihm als zu archaisch krude, als zu brutal und gewalttätig in christlich geprägter Zeit, und so versucht er, ihre barbarischen Elemente zu übertünchen, indem er fortwährend moralisierende Kommentare einflicht. Mit vielen Bibelstellen belegt er, daß Amleth nur Werkzeug eines göttlichen Strafgerichts ist, und zu Fengs bisherigen Verbrechen dichtet er noch erschwerend einen Ehebruch mit Gerutha und ungerechte tyrannische Herrschaft über das jütländische Volk hinzu.

Nachdem Amleth den Missetäter umgebracht hat, rechtfertigt er seine Heldentat unter anderem damit, daß er auch für das dem Volk angetane Unrecht aufgestanden

Mein ist die Rache, spricht der Herr

In der zwiespältigen Haltung des Belleforest zu seinem Stoff zeigt sich bereits der Konflikt, der bei Shakespeares HAMLET zentrale Bedeutung bekommen wird: daß der sympathische Held der Geschichte moralisch sehr fragwürdige Taten begeht. Auf der einen Seite steht die Forderung nach Rache, wie der Ehrenkodex einer ritterlichen Gesellschaft ihn verlangt – auf der anderen die Forderungen einer christlichen Ethik, die die Rache verbietet: »Mein ist die Rache, spricht der Herr« (Römer XII,19).

sei: Dem grobschlächtigen Barbaren aus Saxos Chronik wird nunmehr – wohl aus schlechtem christlichem Gewissen – eine beschönigende, ritterliche Gloriole hinzugefügt.

Der Ur-Hamlet und Kyds SPANISH TRAGEDY

Eine dritte Quelle für Shakespeares HAMLET ist der sogenannte »(Ur)-Hamlet« – ein Stück, das verlorengegangen ist und von dem wir nur aus wenigen zeitgenössischen Berichten Kenntnis haben. 1589 wurde es erstmals (und nicht sehr lobend) erwähnt und um diese Zeit herum wohl auch aufgeführt. Einige Tinte wurde über diesen Text schon vergossen: Eine Theorie besagt, daß er von einem unbekannten Verfasser stamme; eine andere, daß es sich um eine frühe HAMLET-Fassung von Shakespeare selbst handeln könne; eine dritte behauptet, daß der unbekannte Autor Thomas Kyd (1558–1594) gewesen sei, ein elizabethanischer Dramatiker, von dem als einziges Werk die äußerst erfolgreiche SPANISH TRAGEDY (1586) erhalten ist. Was immer es mit dem UR-HAMLET auf sich haben mag – mit der SPANISH TRAGEDY zumindest wurde ein dramatisches Genre begründet, das auf den elizabethanischen Bühnen viele Nachahmer fand und Shakespeares HAMLET stark beeinflußte: die blutrünstige, reißerische und sensationslüsterne »Rachetragödie«.

In Kyds Drama ist es ein heißblütiger spanischer Vater, Hieronimo, der seinen ermordeten Sohn rächen muß, da ein Gerichtsprozeß gegen den Täter aus politischen Gründen nicht möglich ist. Im Vollzug seiner Rache aber verändert sich Hieronimo: Vom trauernden Vater, der Mitleid erweckt, wandelt er sich zum grausamen Rächer, der selbst unverzeihliche Schuld auf sich lädt: Sein Versuch, rächend Gerechtigkeit zu schaffen, führt zu größerem Unrecht, als anfangs begangen worden war.

Hieronimo richtet sich am Ende selbst. Dadurch wurde der Zuschauer, der die Geschichte wertend verfolgt, mit einem moralischen Zwiespalt konfrontiert: Einerseits ist Hieronimo positiv anzusehendes Werkzeug des göttlichen Strafgerichts, andererseits versündigt er sich frevlerisch am göttlichen Gebot.

Eine allegorische Figur, »Die Rache«, eröffnet das Spektakel, der Geist des Ermordeten tritt racheforderend auf, mittels einer komplizierten Intrige werden die Mörder während einer Theateraufführung überführt, ein machiavellistischer Schurke ist der Bösewicht, Action-Sequenzen alternieren mit statischen Szenen voller düsterer Vorahnungen, eine romantische Liebesgeschichte ist hineingewoben, der Rächer verfällt in Wahnsinn und ist ein düsterer Melancholiker, der schwarze Kleidung trägt.

All diese Elemente wurden stilistische Klischees für eine lange Reihe elizabethanischer Rachetragödien, von denen Shakespeares HAMLET nur eine war. Der Erfolg dieser Gattung beruhte zum einen sicher auf den reißerischen Theatereffekten, die dem Geschmack des Publikums entgegenkamen. Darüber hinaus aber traf die ethische Fragestellung ein heißes Eisen der Zeit: Das archaische Konzept der »Blutrache« war zu einem grundsätzlichen Problem im modernen englischen Staat geworden.

Wie Francis Bacon klar erkennt, neigt die menschliche Natur dazu, für erlittenes Unrecht selbst Vergeltung üben zu wollen. Das »Faustrecht« liegt einem Betroffenen am nächsten, der bewußte Verzicht auf private Rache zugunsten abstrakt-staatlicher Rechtsinstitutionen (so sie denn vorhanden sind und funktionieren) ist auch in der heutigenr Welt eine zivilisatorische Leistung, die nicht immer leichtfällt.

England war aber durch die Blutfehden der Rosenkriege an den Rand der Zerstörung gekommen – Privatrache als Mittel zur Gerechtigkeit hatte sich als untauglich erwiesen, den Rechtsfrieden eines Landes zu erhalten. So wurde Rache nunmehr als archaische, sozialschädliche Verirrung begriffen. Der moderne, zentralistische Tudor-

Mein ist die Justiz, sagt der Staat

Das Wort »Rache« klingt altmodisch. Der gemeinte Sachverhalt mag deutlicher werden, wenn man es mit dem modernen Wort »Selbstjustiz« ersetzt. Sie ist heute aus guten Gründen verboten. Trotzdem wird sie immer wieder geübt. Dem Vater oder der Mutter etwa eines Kindes, das einem Sexualverbrecher zum Opfer gefallen ist, mag sie naheliegen – aber:
»Rache ist eine Art wilder Justiz; und je mehr die menschliche Natur ihr anhängt, um so mehr sollte das Gesetz sie ausjäten. Denn der erste, der ein Unrecht tut, verletzt das Gesetz nur; wer aber Rache für ein Unrecht übt, der setzt das Gesetz gleich ganz außer Kraft.«
(Francis Bacon, »Über die Rache«, aus: ESSAYS, 1601)

Staat verlangte das Rechts- und Gewaltmonopol zur Aufrechterhaltung der öffentlichen Ordnung. Wer Rache übte, griff den Staat selbst an. Andererseits war nach dem Ehrenkodex der elizabethanischen Gesellschaft blutrünstige Rache für die Ermordung eines nahen Verwandten eine unbedingt zu erfüllende Forderung, und in jenen bewegten Zeiten gab es nur allzu häufig Anlaß zu blutigen Ehrenhändeln. Das Thema »Rache« war somit brandaktuell und kontrovers: Wer blutiges Unrecht erfahren hatte, stand im Kreuzfeuer widersprüchlicher gesellschaftlicher Erwartungen und Gebote. Mit der Aufforderung zum Racheakt verband sich ein unlösbares ethisches Dilemma.

So gehört das Schwanken zwischen dem Für und Wider zum Theatertypus »Rächer«. Sein Zaudern, den geforderten, aber verbotenen Racheakt zu begehen, ist dramatisch nötig, denn erst im Räsonieren und Zweifeln, im Selbstgespräch und inneren Ringen läßt sich für den Betrachter die soziale und ethisch-religiöse Problematik des Themas darstellen. Und so leidet der elizabethanische Bühnen-Rächer meist heftig am Wissen um die Zwiespältigkeit jeder Rache. Er weiß, daß er rächend auf die gleiche Stufe moralischer Verworfenheit herabsinkt wie der Verbrecher, und so begeht er nicht selten nach vollzogenem Racheakt als einzigem Ausweg aus dem moralischen Dilemma Selbstmord.

Auch Shakespeares HAMLET ist in seiner Grundstruktur nichts anderes als ein konventionelles Rachedrama. Es schlachtet die gleichen tradierten literarischen Quellen, Muster und Motive aus wie andere Stücke dieses Genres und bezieht sich auf den gleichen elizabethanischen Problemkreis. Aber Shakespeares Behandlung des Themas sprengt die alte Rächer-Fabel; das zaudernde Grübeln seines Hamlet greift weit hinaus zu grundsätzlichen Fragen über Wesen und Stellung des Menschen in der physischen und metaphysischen Welt. In den rätselhaften Brüchen und Widersprüchen des HAMLET, in seinen vielschichtigen thematischen Spiegelungen entsteht so etwas wie die erste Darstellung des problematischen Menschen der Moderne.

Das Stück

»Es ist was faul im Staate Dänemark«

»BERNARDO: Wer da?
FRANCISCO: Nein, antwort du erst mir. Steh, nenn dich selbst!
BERNARDO: Lang leb der König!
FRANCISCO: Bernardo?
BERNARDO: Der.«

Diese paar spröden Wortwechsel stellen den berühmten Anfang des HAMLET dar. Und tatsächlich wird hier mit wenigen knappen Sätzen der düstere Ton und die nervöse, klaustrophobische Stimmung des ganzen Stückes gesetzt.

Es ist schwarze Mitternacht. Wachwechsel auf der Burg von Helsingör. Aber etwas stimmt nicht: Die Wachen fürchten sich. Nicht der wachhabende Francisco ruft gemäß dem üblichen Ablöse-Ritual den Ankömmling an, sondern der gerade ankommende Bernardo brüllt nervös als erster sein »Wer da?« durch die Dunkelheit.

Etwas Bedrohliches liegt in der Luft; es ist merkwürdig still – *zu* still. Horatio, der Student und Freund des jungen Prinzen Hamlet kommt dazu, reißt Witze, glaubt kein Wort von dem, was die biederen Wachen ihm erzählen: daß ihnen zweimal ein übernatürliches »Ding« erschienen sei, nachts auf der Wache. Und gerade da erscheint

»es« wieder: ein Geist, in Aussehen und Gestalt ganz wie der jüngst verstorbene König Hamlet von Dänemark, würdig und martialisch in soldatischer Rüstung. Horatio – auf einmal gar nicht mehr aufgeklärter Skeptiker – »zittert und schaut bleich«: Die unabweislich übernatürliche Erscheinung erschüttert seinen Vernunftglauben; er interpretiert sie als böses Omen, das dem Staat »höchst finstres Brodeln« androht.

Das Übel scheint ihm von außen in das Land einzudringen: Im Nachbarland Norwegen rüstet ein gewisser hitzköpfiger Fortinbras offenbar ein Heer zum Feldzug aus. Fortinbras ist der Sohn des alten norwegischen Königs, der seinerzeit vom dänischen König Hamlet im Zweikampf erschlagen wurde. So will Fortinbras vermutlich Rache üben und verlorenes norwegisches Land von Dänemark zurückerobern. Deshalb, so erklärt es sich Horatio, herrsche bereits diese gespannte Unruhe im Land, deshalb gäbe es militärische Aufrüstungsmaßnahmen im Heer und Zwangsrekrutierungen: eine Vorkriegszeit. Und Horatio erinnert sich, wie es nach der Überlieferung vor dem Mord an Julius Cäsar übernatürliche Zeichen in Rom gegeben habe, feuerschweifige Kometen, wandelnde Tote und Mondfinsternisse, die auf ein nahendes Verhängnis wiesen.

Da erscheint der Geist ein zweites Mal. Horatio wirft sich ihm in den Weg, will ihn zum Reden bringen, ihn aufhalten – aber in diesem Moment kräht ein Hahn, und der Geist verschwindet in der Luft, unangreifbar für die Waffen der Wachen. Horatio beschließt nun, dem jungen Prinzen Hamlet, dem Sohn des »Geistes«, davon heimlich zu erzählen: Wenn überhaupt, würde der Geist wohl nur ihm antworten, auf Hamlet scheint all das abzuzielen.

Alte Zeit und neue Zeit

Vom ersten Wort dieser genialen Expositionsszene an fächern sich Themen und Motive auf, die weit über reine »Handlung« hinausgehen. Gleich die erste Frage »Wer da?« schlägt den Ton an: Das, was da ist, ist schemenhaft und unerkennbar und bedarf der Befragung. Mit dem ersten Wort beginnt ein Sog in eine schwer erkennbare Welt ohne wirkliche Gewißheiten, in eine Welt, deren beunruhigende Phänomene ständig der Interpretation bedürfen, ohne daß die Vernunft je zu klaren und endgültigen Ergebnissen käme.

Es wird sofort das Thema der konkurrierenden Weltdeutungen eingeführt. Die biederen Wachen glauben an den Geist, der Skeptiker Horatio glaubt an Einbildung. Es ist keineswegs Zufall, daß Horatio (wie sein prinzlicher Freund Hamlet) als Student von der aufgeklärten lutherisch-protestantischen Universität zu Wittenberg kommt. Shakespeare stellt mit dieser Standortzuweisung vom ersten Moment an sein Stück explizit in den Kontext des großen Umbruchs im abendländischen Denken: Die Reformation, die das geordnete theozentrische Weltbild erschüttert hatte, wird ausdrücklich als geistiger Raum des Stückes herbeizitiert. Der Dogmenstreit und der neue Geist des Humanismus und der Renaissance waren für Shakespeare unabgeschlossene, unbestimmte Gegenwart.

Der noch unsichere neue Geist wird aber sogleich selbst erschüttert, denn es tritt störend ein »Geist« der vergangenen Welt auf. Geister sind vorreformatorisch, die Ratio des Protestantismus hat sie abgeschafft. Aber nun erscheint ein Geist aus dem katholischen Fegefeuer. Es soll der Geist von Hamlets Vater sein. Der gehörte zu einer vergangenen Epoche und einem Ehrenkodex, in dem

Streit mit dem Nachbarland noch im Zweikampf der Könige entschieden wurde. Das Zeitalter der ehrenhaften Blutrache war es – die neue Zeit läßt inzwischen Kanonen gießen.

Erschüttert wird sofort auch die Position des intellektuellen, studierten Skeptikers Horatio: In Deutungsnot vor der übernatürlichen Erscheinung weiß sein aufgeklärtes, modernes Denken sich keinen anderen Rat, als auf das alte scholastische Stufenmodell der Welt zurückzugreifen. So kann die Rückkehr eines königlichen Toten nur auf eine fundamentale Störung in der Ordnung des göttlich-hierarchischen Makrokosmos hinweisen und Chaos für die Ordnung des Staates bedeuten wie seinerzeit in Rom vor Cäsars weltgeschichtlicher Ermordung: Planeten schossen aus den Bahnen, Tote gingen um, blutiger Tau fiel, die Naturgesetze standen kopf. Verwirrung und Deutungsunsicherheit vor der Unübersichtlichkeit der neuen Zeit führen bei Horatio zum Rückgriff auf das bewährte Alte, auf die Gewißheiten von gestern – er liefert plötzlich eine »katholische« Deutung des Geistes, für die er von der Universität zu Wittenberg sicher keinen Preis bekommen hätte …

Das Ausmaß des Dramas ist abgesteckt: Etwas, das den ganzen Staat in politische Mitleidenschaft ziehen wird, wird behandelt werden. Etwas, das sich im aktuellen Durcheinander von alter und neuer Weltanschauung bewegen wird. Etwas, wovor die aufgeklärte Vernunft ratlos steht. Eine alte Zeit der in Gott gründenden festen Ordnung, in der der Mensch noch im Zweikampf seine Gegner erschlug, wird mit der neuen Zeit konfrontiert werden, in der man technische Kriegsmaschinerien mobilisiert und in der der Mensch verwirrt auf die eigene Vernunft setzen soll und sich verheddert.

»Doch nun, mein Neffe Hamlet und mein Sohn«

Szenenwechsel: nach dem mitternächtlichen Dunkel auf der Burgmauer nun eine glanzvolle, lichterhelle Staatsszene, ein Festakt mit Pauken und Trompeten. Claudius, der neue König von Dänemark, hält nach Hochzeit und Thronbesteigung seine öffentliche Antrittsrede vor dem gesamten Hofstaat: eine rhetorische Demonstration herrscherlicher, politischer Macht.

»Ob auch noch Hamlets, unsres werten Bruders, Tod
Frisch im Gedächtnis ist.«

Aber irgend etwas ist merkwürdig: Man gewinnt den Eindruck, daß Claudius mit seiner Rede die jüngste Vergangenheit möglichst schnell übergehen möchte. Seine rasche Machtübernahme nach dem Tod seines Bruders, des alten Königs Hamlet, seine hastige Hochzeit mit der Witwe, seiner Exschwägerin Gertrud, wo solche Ehen doch als Blutschande galten ... Rhetorisch geschickt stellt König Claudius die Sache so hin, als hätten die anwesenden Staatsräte das alles freiwillig gutgeheißen. Und dafür dankt er dem Gremium.

Schnell geht er nun, ganz Machtpolitiker, tatkräftig und entschieden, zum anstehenden Regierungsgeschäft über: Zwei Gesandte aus dem diplomatischen Dienst werden nach Norwegen geschickt, um ultimativ den Onkel des rebellischen jungen Fortinbras aufzufordern, daß er die Kriegsrüstung des jungen Heißsporns unterbinde. Keine Zweikampfdrohung: Diplomatie bei gleichzeitiger Aufrüstung ist die modernere Politik. Die Geschicke Dänemarks liegen bei so viel Eisenstirnigkeit ersichtlich in guten Händen. Aber auch Gutmütigkeit und Großmut kann Claudius verströmen: Laertes, der Sohn seines obersten Staatsrates Polonius, bittet um Genehmigung zum Auslandsstudium im Sündenpfuhl Paris, und Claudius gewährt es mit lächelndem Wohlwollen.

Sein öffentlicher Auftritt, der Regierungsfähigkeit und Tatkraft demonstriert, ist bislang ein voller Erfolg. Nun kommt der kitzlige Moment: Claudius wendet sich an seinen Neffen, den Prinzen Hamlet, Sohn seines verstorbenen Bruders und nunmehr sein Stiefsohn, Student an der Universität Wittenberg, der zum Begräbnis seines Vaters nach Helsingör zurückgekehrt ist.

Prinz Hamlet trägt demonstrativ schwarze Trauerkleidung selbst noch am prunkvollen Jubeltag von Claudius' Hochzeit und Thronbesteigung. Und Hamlet provoziert einen öffentlichen Skandal.

Mit boshaften Wortspielen stellt er sich laut gegen die milden, verständnisvollen Worte seines Onkels und Königs und verweigert die Rolle als »Sohn« – vor dem gesamten Hofstaat. Geradezu beleidigend empört er sich gegen das Ansinnen seiner Mutter, die sinnlose Trauer um den toten Vater doch nun endlich sein zu lassen: *Seine* Trauer, sprudelt Hamlet vor den ganzen Würdenträgern und Eliten des Landes heraus, sei nicht nur äußerliches Getue, nicht nur konventionelle Pose und hohle Schauspielerei, sei kein leerer *Schein* (wie bei allen anderen Heuchlern, einschließlich seiner Mutter, unterstellt Hamlet), nein, *seine* Trauer sei als einzige echt und wahr, jenseits aller Scheinhaftigkeit:

»Denn das sind Posen, die leicht spielbar wären,
Doch in mir lebt, was Schau weit übersteigt.«

Ein Kernsatz, der im Verlauf des Stückes auf die Probe gestellt wird. Es droht ein Eklat. Claudius muß die machtpolitisch prekäre Situation umbiegen: Mit einer hochemotionalen, rhetorisch raffinierten Stegreifrede stellt er Hamlets Protest gegen irdische Heuchelei als Aufbegehren gegen den göttlichen Willen hin, als Versündigung an Gott und an der Natur, bietet sich ihm als neuer Vater an und erklärt ihn verlockend offiziell zum nächsten Thronanwärter. Gleichzeitig bittet er ihn, nicht wieder an die Universität von Wittenberg zu gehen, sondern unter seinem Blick am dänischen Hof zu bleiben.

Hamlet willigt, seiner Mutter zuliebe, ein; König Claudius beendet hastig die prekäre Situation, indem er den ganzen Hofstaat nunmehr zu einem Jubel-Trinkgelage auffordert und aufbricht. Hamlet bleibt allein – und spricht den ersten der großen, sprichwörtlichen Hamlet-Monologe.

Hamlets Monologe

Ein Monolog ist eine sehr künstliche, theatralische Erzähltechnik. Da stellt sich jemand alleine auf die Bühne und hält eine Rede ans Publikum, während er so tut, als ob das Publikum gar nicht da wäre und er nur mit sich selbst spräche. Aber kein Mensch würde im wirklichen Leben derart ausführlich und wohlformuliert laut mit der leeren Luft parlieren. Das »Selbstgespräch«, in dem man alleine vor sich hin redet, kennt man aus der Wirklichkeit ganz anders, und wo es ausufert, erscheint es als autistische Verirrung. So wirkt ein Bühnenmonolog für den modernen film- und fernsehgewohnten Blick als sehr unrealistische Theaterkonvention, die viel mit Kunst, aber wenig mit dem wirklichen Leben zu tun hat.

Dieses abstrakte und formale Kunstmittel aber ermöglicht die Darstellung von Dingen, die keine scheinbar »realistische« Erzählweise je vorführen könnte: Shakespeare gelingt es damit, die nicht sichtbare Innenwelt eines Menschen auf der Bühne zum dramatischen Ereignis werden zu lassen.

Zunächst stellen diese Monologe Zäsuren im Handlungsablauf dar. Die Abfolge äußerer Geschehnisse, die der Zuschauer quasi »objektiv« beobachten konnte, kommt zum Stillstand, und das innere Geschehen in Hamlet wird manifest. Statisch aber ist diese Innenwelt durchaus nicht, es werden nicht einfach klar ausformulierte Einsichten oder vorgefaßte Pläne und Kommentare zur Kenntnisnahme des Zuschauers vorgetragen. Es handelt sich – paradox formuliert – um eine Art »emotionale Reflexion«: Der Zuschauer kann teilnehmen an der Entstehung von Haltungen, Einstellungen und Gedanken. Er wird Beobachter des Vorgangs, der sich in Hamlet ereignet.

Dieser innere Prozeß läuft zwischen Hirn und Herz ab, zwischen nachvollziehbaren rationalen Überlegungen und einem diffus a-sprachlichen explosiven Gefühlsbereich, der ständig ahnbar und spürbar, aber nicht genau festmachbar ist. Die Emotionen scheinen Gedanken zu gebären und Gedanken neue Emotionen auszulösen – ein dialektischer innerpsychischer Vorgang ereignet sich in Rede und Gegenrede eines Menschen mit sich selbst.

Damit erscheint Hamlet in diesen Monologen nicht eigentlich als Herr seiner selbst, nicht als ein verantwortlich über sich selbst entscheidendes, autonomes Individuum, sondern immerzu als erst Werdender, als vor den Augen des Publikums Entstehender – mit offenem Ausgang. Was Hamlet in diesen Monologen sagt, was er »meint«, ist deshalb nicht unbedingt »wahr« im Sinne einer Botschaft, einer absoluten Einsicht oder einer Verkündigung letzter Weisheiten; seine Äußerungen sind Reflex auf ein augenblickliches Geschehen, sind jeweils Ergebnisse eines momentanen Durchgangsstadiums, das im nächsten Monolog längst überholt sein mag.

Hamlet wird einerseits aus der Außenperspektive beobachtbar als ein sich in seiner Umgebung öffentlich verhaltender Mensch: Darüber hinaus zeigt er sich immer wieder auch in seiner monologischen Innenwelt in einer so intimen und nackten Privatheit, wie man sie eigentlich nur von sich selbst kennt.

Aber wie man sich auch selbst kennt – man kennt sich selbst nie ganz. Dem forschend nach innen gekehrten Blick enthüllt sich immer wieder Neues – und nicht immer unbedingt Erfreuliches. So ist es etwas Zwiespältiges mit der Selbstbeobachtung: Man kann sich ihr zum Beispiel einfach verweigern, weil man für Selbstbespiegelung nichts übrig hat; oder weil einen der vorwärtstreibende dialogische Austausch mit der Welt mehr interessiert als das rückwärtsgewandte monologische Gespräch mit dem eigenen Ich, oder weil man sich vor den Einsichten ins eigene Ich fürchtet. Es kommt andererseits vor, daß man von äußeren Ereignissen, in Krisen oder an Wendepunkten seines Lebens unabweislich dazu gezwungen wird. Man kann die Spiegelschau auch zum Lieblingshobby und zur Dauerbeschäftigung machen. Es gibt viele Arten, mit diesem urmenschlichen Phänomen umzugehen, das keinem anderen Lebewesen auf diesem Planeten möglich ist. Und so erscheint Hamlet als wiedererkennbarer, »wahrer« Mensch wie kaum eine andere Theaterfigur.

Seine scheinbare Nähe lädt ein zur Identifikation, aber das ewig Prozeßhafte an ihm, das immer neue Werdensmöglichkeiten aufscheinen läßt, entrückt ihn immer aufs neue und macht ihn letztendlich ungreifbar.

»O daß dies all- allzu beschmutzte Fleisch doch schmölz«

Hamlet bleibt also allein und spricht seinen ersten großen Monolog:

»O daß dies all- allzu beschmutzte Fleisch
Doch schmölz, zerflöß, zerging in einem Tau,
Oder daß nicht der Ewge sein Gebot
Gesetzt hätt gegen Selbstmord! O Gott, Gott,
Wie öde, schal, flach, fad und überflüssig
Scheint mir all das Getu in dieser Welt!
Pfui drauf, ah pfui, ein ungeharkter Garten,
Der satt ins Unkraut samt; Kroppzeug prallwüchsig
Herrscht einzig drin. Daß es so kommen konnt!
Grad erst zwei Monat tot – nein, was nicht zwei –
So herrlich doch ein König, der neben ihm
Hyperion war vor 'nem Satyr, so liebreich war zur Mutter,
Daß er's dem Himmelswind nicht mocht verstatten,
Zu rauh ans Antlitz ihr zu rührn. Himmel und Erd!
Muß ich dran denken? Ach, stets hing sie an ihm,
Als ob sich Hunger hungrig fräß durch das,
Dran er sich vollfraß; und doch in einem Monat –
Darf nicht dran denken – Schwachheit, dein Name, der ist Weib –
Ein kleiner Monat, eh die Schuh noch alt warn,
Drin sie des Vaters Leichnam nachlief,
Wie Niobe, ganz Tränen – wirklich, sie –
O Gott, ein Viech, dem's an Vernunftbegabung fehlt,
Hätt mehr getrauert – heiratet meinen Onkel,
Meines Vaters Bruder – doch gleicht nicht mehr dem Vater
Als ich dem Herkules. Nach einem Monat,

Eh noch das Salz höchst unlauterer Tränen
Vom Wundrot wich ihrer zerriebnen Augen,
Heiratet sie – o abgrundüble Hast! So rasch
Zu rennen in blutschänderische Laken!
Es ist nicht gut, noch kann's gut jemals werden.
Doch Herz, zerbrich, denn 's hat mein Mund zu
schweigen.«

Wir sahen Hamlet öffentlich: Bei seinem ersten Auftritt im Rahmen eines offiziellen Staatsaktes erwies sich der Student der progressiven Universität zu Wittenberg als rebellierender Außenseiter, als zynischer Provokateur und als pathetischer, selbstgerechter Moralist. Nur er sei ein wahrhaft Trauernder, nur er sei »echt« in seinen Gefühlen, alle anderen, seine Mutter eingeschlossen, seien Heuchler und Schauspieler. Alles, die ganze Welt, sei Schein – nur er selbst wüßte um das reine, wahrhafte Sein.

Solche pathetischen Auftritte kennt man: Student Hamlet ist offenbar ein Halbwüchsiger mit schweren Pubertätsproblemen. Jeder halbwegs sensible heranwachsende Mensch durchlebt ähnliche Phasen auf der Suche nach seiner Identität: die trotzig-rotzig-provokante Geste gegen eine anscheinend starre, gefühlskalte, scheinhafte Welt, die nur aus Pappmaché-Kulissen besteht; die hohe moralische Meßlatte, die nur alles oder nichts kennt; die Empörung, daß die Welt nicht so ist, wie man sie haben will; der Absolutheitsanspruch des eigenen Gefühls; die Maßlosigkeit des eigenen Ichs, das gegen die verlangte Anpassung an die Spielregeln der Umwelt wild um sich schlägt; die Empörung über die beleidigenden Gesetze des Lebens, das nun unverzeihlicherweise auch den Tod mit einschließt – das alles sind die üblichen Irrungen und Wirrungen der Adoleszenz, die sich mit wachsender Einsicht in die Realitäten des Daseins schon legen werden. So betrachten und behandeln jedenfalls Claudius und Gertrud den ungebärdigen Hamlet – oder wollen ihn so sehen. Ihre Argumente sind für den Hof durchaus vernünftig, Hamlet verhält sich hysterisch unvernünftig.

(Aber in Wahrheit liegt unter der vernünftigen Oberfläche der Welt das unerträgliche Verbrechen des Claudius verborgen. Der unvernünftig pubertär schäumende Hamlet hat Recht mit seiner Anklage an die Welt, noch ohne zu diesem Zeitpunkt zu wissen, *wie* recht er damit hat. Auch der naive Zuschauer weiß es noch nicht.)

Wir sehen nun Hamlets Innenwelt. Sein Mut zur aggressiven öffentlichen Provokation hat eine Kehrseite, wie der Monolog in der Innenschau enthüllt: In leidenschaftlichem Selbstekel und Selbsthaß gegen sich selbst wütend, erscheinen ihm die eigene physische Auflösung, die Auslöschung, das Nicht-mehr-sein-Müssen lustvoll als Wunschziel angesichts der unerträglich schalen, öden, faden Welt und ihrem überflüssigen Getu. Nicht Hamlet verkündet etwas – »es« zerreißt ihn schier, ein diffuser Komplex von Schmerz, ein Knäuel aus vorsprachlichen Leidenschaften und Trieben scheint ihn zu schütteln wie ein »Sturm in seiner Seele«.

Aus dem Malstrom der wirr herausbrechenden Gedankenfetzen und Gefühle kristallisieren sich allmählich konkretere und zugleich universellere Motive heraus, weit über allem pubertären Weltschmerz: Hamlet vergleicht seinen Vater und seinen Onkel, den alten König Hamlet und den neuen König Claudius, die beiden Königsbrüder. Ein »Hyperion« sei sein Vater Hamlet gewesen, der vollkommene Sonnengott in menschlicher Gestalt, sein Onkel und neuer Stiefvater Claudius dagegen ein »Satyr«, nach griechischer Mythologie ein nur halbmenschliches Wesen auf Ziegenbeinen mit Ziegenhörnern und einem Ziegenschweif – das Symbol der Lüsternheit, meist mit erigiertem Phallus dargestellt. Zwei Brüder, eng verwandt, aber der eine Sonnengott, der andere Satyr, der gottähnliche Mensch und der tierhafte Mensch.

Es ist ein Bild, in dem eine Beschreibung der dualen Natur des Menschen steckt, wie ihn die Renaissance auffaßte – ein Wesen halb göttlichen, halb tierischen Ursprungs, halb seelisch-geistige Essenz, halb animalisch-lüsterne Triebnatur. In der Folge wird sich für Hamlet der private Fall seines verstorbenen Vaters zunehmend als eine Metapher über das duale Wesen des Menschen zwischen Gut und Böse erschließen.

Vorerst ist es der konkrete Fall, der ihn umtreibt. Aber es ist durchaus nicht, wie Claudius meint, die unmäßige Trauer über den Tod des Vaters; es sind vielmehr die Folgen, die Hamlet traumatisieren: der Zusammenbruch einer ehemals idealisch gesehenen Wirklichkeit. Pathetisch stilisiert er im Rückblick den Vater zum überzärtlichen, übermenschlichen Beschützer der Mutter – und die Mutter, die, noch ehe die Leiche des Vaters kalt war, mit dem lüsternen Bock von Schwager ins Bett rannte, stuft er herab zum Tier: »Ein Viech, dem's an Vernunftbegabung fehlt, / Hätt mehr getrauert.«

Ihre scheinbare ehemalige Liebe zum Ehemann, ihre Trauer um ihn – alles Lug und Trug. Woran Hamlet kaum zu denken wagt und woran er doch zwanghaft denken muß (»Muß ich dran denken?« – »Darf nicht dran denken!«), was ihn ständig umtreibt, was nur gequält mit dem Euphemismus »heiraten« aus ihm hochkocht, sind Phantasien, was seine Mutter im Bett mit Claudius treibt:

»[...] zu leben,
Ranzig im Schweißdunst eines schmierigen Bettes,
Schmorend im Schleim, süß keuchend sich bespringen
Überm Dreckschweinekober!«

So, mit solchen Sprachbildern, wird er später seine Mutter zur Rede stellen. Ein Sündenfall geschah in Hamlets Augen, ein Vergehen am Menschenbild. (Eine spätere Interpretationsrichtung wird darin allerdings das literarische Protobeispiel für den ödipalen Komplex sehen.) Aber noch ist dies nur Hamlets einsam individuelle Sicht, die niemand mit ihm teilt, schon gar nicht seine Mutter. Und weil die ernüchternde Welt ist, wie sie ist, hat sein Mund zu schweigen, so sieht er es, soll sein Herz doch daran zerbrechen.

Harter Schnitt in die Außenwelt: Horatio tritt zu Hamlet, und der innere Seelenraum, zu dem die Bühne während des Monologs mutiert war, gerinnt wieder zur konkreten Örtlichkeit am dänischen Hof. Sehr schweigsam ist Hamlet allerdings nicht: Sofort erzählt er ungefragt und zynisch dem Kommilitonen von der Universität Wittenberg von den Sauforgien im Schloß und wie die Leichenschmauspasteten zu kalten Platten für den Hochzeitstisch umfunktioniert wurden – Hamlet, eben noch zerquälte Seele, wechselt die Rolle und zeigt sich als Meister des bissigen Bonmots und der boshaften Sprüche.

Horatio, der erschütterte Rationalist, bringt nun mit viel Mühe seine absurde Nachricht über die Lippen, daß der tote Vater Hamlet nachts als Geist auf den Zinnen der Burg umgehe. Hamlet wird einsilbig: Er verspricht, nachts auf die Burg zu kommen, und befiehlt Stillschweigen. Er versteht die Erscheinung sofort als Zeichen; es ist, als hätte er auf so etwas nur gewartet: »Schandtat zeigt's Gesicht, / Und läg die Welt auf ihr: Sie steigt ans Licht.«

»Es gibt mehr Dinge zwischen Himmel und Erde«

Wieder eine Nachtszene auf den Zinnen der Burg Helsingör, wieder ist es schwarze Mitternacht. Horatio, Hamlet und die Wachen harren der Dinge, die da kommen sollen. Hamlet in der Rolle des moralisierenden Weltbeobachters doziert gerade über das üble Laster des Saufens in Dänemark – da tritt der Geist wieder auf.

Es ist nicht zu entscheiden, was der Geist ist. Rationale Zweifel an Geistern sind explizit in Shakespeares Text selbst gegen die Geistererscheinung ins Feld geführt. Es ist aber zu beobachten, was der Geist für Hamlet ist. Hamlet, der aufgeklärte, intellektuelle Student der protestantischen Universität zu Wittenberg, tritt der übernatürlichen Erscheinung auf einer Burgzinne im katholischen Dänemark in den Weg:

»Sei du ein Geist des Heils, sei Troll, verdammter,
Ob Himmelsduft dir folgt, ob Höllendunst,
Sei deine Absicht böse, sei sie gütig,
Du kommst in so befragbarer Gestalt,
Daß ich jetzt zu dir sprech. Ich nenn dich Hamlet,
Fürst, Vater, Dänenkönig. O antwort mir.
Laß mich nicht vor Unwissenheit vergehn, nein, sag,
Warum dein heiliges Gebein, im Tod gebahrt,
Sein Leichtuch hat zersprengt, warum die Gruft,
In der wir friedvoll beigesetzt dich sahn,
Die schweren Marmorkiefer auftat weit,
Dich wieder auszuspein? Was mag das heißen,
Daß du, erstorbner Leib, [...] die Nacht
Zum Graun machst und uns Narren der Schein-Natur
Erschauern läßt im tiefsten Seinsgrund durch
Gedanken jenseits unsrer Seelenkraft?«

Von Geistern und Gespenstern, die nachts umgehen

Es gibt aber keine Gespenster. Wir sind aufgeklärt. Eine Geistererscheinung ist abergläubische Folklore aus grauer Vorzeit. Deswegen ist Shakespeares Stück mit seinem »Hamlet«-Gespenst, das die ganze Handlung ins Rollen bringt, für manchen modernen Leser nicht mehr so ganz ernstzunehmender Firlefanz – sowenig wie Hollywoods unterhaltsam gruselige »Ghostbuster«-Filme.
Aber Vorsicht! Erstens war und ist HAMLET neben anderem durchaus auch gruselige Unterhaltung in der Jahrmarktsbude, und zweitens waren Shakespeares Zeiten aufklärerischer, als man vielleicht meint. Die Reformation hatte mit manchem katholisch-mystischen Aberglauben aufgeräumt. Den Stand der aufgeklärten elisabethanischen Diskussion dieses Themas könnte man folgender protestantischer Abhandlung von Lavater VON GEISTERN UND GESPENSTERN, DIE

Der Text von Lavater – siehe Exkurs – klingt, als hätte Shakespeare ihn neben sich auf dem Schreibtisch gehabt, als er die Geisterszenen schrieb. Genau diese ambivalente, kritisch-rationale Denkposition im Rahmen einer grundsätzlich christlichen Weltinterpretation wird im HAMLET thematisiert. Dem Rationalisten erscheint das Übernatürliche. Alles schwankt. Alles Feste zerbricht. Alles oberflächlich Erfaßbare wird Hamlet zum »Schein« – selbst die Natur, der nur wir Narren närrischerweise vertrauen. Sein tiefster existentieller Kern erschauert vor dem, was hier vor ihm geschieht, und vor den aufbrodelnden, hirnzersprengenden Gedanken, die eine menschliche Seele nicht zu ertragen vermag.

Der Geist winkt Hamlet mit sich fort, Horatio und die Wachen wollen diesen fast gewaltsam zurückhalten. Die

NACHTS UMGEHEN entnehmen, die im Jahr 1572 ins Englische übersetzt wurde:
»Es ist wahr, daß viele Menschen sich leider einreden, daß sie Geister hören oder sehen: Es läßt sich nicht leugnen, daß manche Menschen, entweder aus Veranlagung oder weil sie großes Unglück erdulden mußten, nun so schwerblütig und voller Melancholie sind, daß sie sich, wenn sie alleine sind, wundersame und seltsame Dinge einbilden. Manchmal beteuern sie in großer Ernsthaftigkeit, daß sie wirklich dieses oder jenes hören oder sehen, was trotzdem weder sie selbst noch irgend jemand anders in Wahrheit gehört oder gesehen hat: was man erfahrungsgemäß wahrhaftig manchmal bei solchen Menschen erlebt, die von schweren Kopfschmerzen oder anderen körperlichen Leiden geplagt werden oder nachts nicht schlafen können oder geistig verwirrt sind. Wer mit solchen Menschen verkehrt und sie solcherlei aberwitzige Geschichten erzählen hört, kann sich oftmals, auch wenn er ihren unglücklichen Zustand bedauert, nicht des Lachens enthalten.
Aber ihr werdet sagen: ›Ich verstehe trotzdem nicht recht, was dann jene Dinge sind, welche die Geschichtsschreiber, die heiligen Kirchenväter und andere erwähnen: daß also heilige Apostel, Bischöfe, Märtyrer, Bekenner, Jungfrauen und viele andere, die lang verstorben sind, manchen Menschen auf dem Totenbett erschienen sind ... Ich verstehe sehr wohl, daß solche Dinge nicht Menschenseelen sind. Aber was, bitte, sind sie dann?‹
Um kurz darauf zu antworten: Wenn es denn nicht eitel Einbildung oder Betrug oder eine natürliche Erscheinung ist, so ist es entweder ein guter oder ein böser Engel oder eine andere Vorwarnung, von Gott geschickt. Aus der Schrift des Matthäus XVIII,10 schließen der heilige Jeremias und andere Kirchenväter, daß Gott jeder Seele, sowie er sie erschafft, ihren eigenen Engel zuweist, der für sie sorgt. Manchmal aber, ja sogar meistens, erscheinen böse Engel. Der Teufel beteuert, daß er diese oder jene Seele sei, daß er durch dieses oder jenes Mittel zu erlösen sei.«

Erscheinung könnte ihn in den Tod führen, in den Wahnsinn locken, sie könnte ein trügerisches Teufelswerk sein. Hamlet sieht in ihr sein Schicksal, das ihn ruft, und folgt ihr nach.

Die Erscheinung erklärt sich vor Hamlet als Geist seines verstorbenen Vaters, der so lange unerlöst im Fegefeuer schmachten und nachts umgehen müsse, bis alle seine Sünden ausgebrannt seien. Er offenbart Hamlet, daß er nicht an einem Schlangenbiß gestorben sei, wie öffentlich behauptet werde. Sein Bruder Claudius habe ihn heimtückisch mit Bilsenkraut im Schlaf vergiftet, um sich der Krone und seiner Ehefrau Gertrud zu bemächtigen. Er trägt Hamlet auf, wenn dieser denn »Natur« in sich habe, diesen üblen, wider alle natürlichen Urbande gerichteten Mord unverzüglich blutig zu rächen. Es ist eine Forderung wie aus alter, mythischer Ritterzeit, als die »Ehre« noch mittels Blutvergießen gerettet werden konnte, seltsam anachronistisch in Hamlets neuer Welt. Und Hamlet verspricht es:

»... daß ich schnellflüglig gleich
Gedanken oder Liebesträumen kann
Zu meiner Rache stürzen.«

Beim ersten Hahnenkrähen verschwindet der Geist.

»Die Zeit ist aus den Fugen«

Es geht um Mord. HAMLET ist ein Krimi, in dem ein vertuschtes Verbrechen durch spiritistische Offenbarung ans Licht kommt.

Es geht aber um mehr als nur um einen Krimi-Mord in der Familie. Die Tat wird verstanden als Verbrechen wider die Urgesetze der Natur. Seit Kain und Abel gilt der Mord am Bruder als Ursünde, die den Menschen von Gottes Gnade scheidet; Brudermord ist ein Verbrechen, das den Täter aus der Gemeinschaft mit Gott und den Menschen ausstößt. Satyr hat Hyperion umgebracht, der Tiermensch den göttlichen Menschen, der dunkle Anteil im Menschen hat den lichten verschlungen.

Außerdem ist es auch ein insgeheimer Staatsstreich. Der legitime Regent eines Staates ist heimtückisch mit einem Giftanschlag beseitigt worden. Die Staatsmacht hat ein Verbrecher an sich gerissen, der nun widerrechtlich regiert. Es ist ein Anschlag auf den Staat selbst, der gegenwärtige Zustand ist ein fortwährendes Verbrechen wider die Grundlagen des Gemeinwesens.

Zudem umgab einen Staatsregenten in elizabethanischer Zeit eine religiöse Aura. Ein Königsmord erschüttert nicht nur die menschliche, sondern die göttlich-universelle Ordnung der Dinge. In Shakespeares MACBETH wird der Mord an König Duncan so beschrieben:

»Gottschänderischster Mord brach klaffweit auf
Des Herrn gesalbten Tempel.«

Bei einem Königsmord kommen mittelalterliche Ordo-Vorstellungen ins Spiel: Ein von Gott gesalbter König ist in der kosmischen Hierarchie der Dinge und der Wesen Gott am nächsten. Mord am König gleicht einer Schändung Gottes, den Leib des Königs zu töten heißt Gottes Tempel zu zerstören. Der metaphysische Weltbau wird erschüttert, dem Urchaos, dem Zusammensturz jeglicher Ordnung der Weg geebnet. Im Königsmord ereignet sich »ein Riß in der Natur, durch den Zerstörung einstampft« (MACBETH).

Aber eigentlich sieht man der Welt das alles ja gar nicht an. Sie dreht sich problemlos weiter, alles klappt wie geschmiert. Ein Verbrecher regiert die Welt, und keiner merkt es. »Daß einer lächeln kann und lächeln, lächeln und/Ein Schuft doch ist«, Hamlet muß es sich aufschreiben. Man könnte hineinstürzen in den Abgrund zwischen dem, was die Welt zu sein *scheint*, und dem, was sie unterm Schein wahrhaft *ist*; in den schillernd ineinander übergehenden Doppelbildern der Welt könnte man sich verlieren. Es ist eine Frage der Wahrnehmungsfähigkeit, ob man eine schwarze Vase auf weißem Hintergrund sieht oder auf schwarzem Hintergrund zwei weiße Gesichtsprofile.

Für Hamlet, den am privaten, pubertären Weltschmerz Leidenden, hat sich wie im Donnerschlag ein unendlich komplexeres Bild von der Verderbnis der Welt aufgetan. Was geschah, geht über alles hinaus, was er je gedacht, gewußt, geahnt, gewollt hatte. Weg mit aller Buchweisheit, weg mit all den überlieferten Regeln und Konventionen, die einen Menschen prägen und bilden, das schwört er beim Himmel, bei der Erde – und warum nicht gleich bei der Hölle? Beim ganzen physischen wie metaphysischen Spektrum, das das Universum ausmacht (wie könnte einer denn jetzt noch zwischen Engel und Teufel unterscheiden!) –, so verschwört Hamlet sich seinem neuen Lebensmotto »Gedenke mein«: der Mahnung des Geistes, ihn zu rächen. Aber die Aufgabe ist ihm gewaltiger geworden:

»Die Zeit ist aus den Fugen. Fluch Schicksals
  Spottgeschenken,
Daß ich zur Welt kam je, sie einzurenken.«

Einen ermordeten Vater blutig zu rächen ist eins. Die ganze zerrüttete Welt ins Lot bringen zu müssen, etwas ganz anderes – es ist übermenschlich. Allerdings hat das auch niemand von ihm verlangt – das bürdet er sich offenbar selbst auf. Warum?

»Ihr nobler Sohn ist irr«

Horatio und die Wachen kommen herbei, auf der Suche nach Prinz Hamlet, der dem Geist gefolgt ist. Statt eines Prinzen finden sie einen überkandidelten Clown.

So leidenschaftlich, wie Hamlet dem Geist Rache versprochen hatte, sollte man annehmen, daß Hamlet seinen Gefährten brühwarm vom soeben offenbarten Mord an seinem Vater erzählt, wutschnaubend den Täter Claudius öffentlich anklagt und unverzüglich, wie er's versprochen hatte (»schnellflüglig gleich Gedanken«), mit gezücktem Schwert zum blutigen Rachewerk rennt. Das Stück könnte sehr schnell zu Ende sein.

Aber Hamlet tut nichts dergleichen. Er sagt nichts von Rache. Er sagt überhaupt nichts zur Sache. Er sagt nicht einmal, warum er nichts sagt. Er fuhrwerkt närrisch herum, albert, witzelt, kalauert, weigert sich, mehr über den Geist zu sagen, als daß er »echt« war, läßt alle auf sein Schwert schwören, unter allen Umständen absolutes Stillschweigen über die Geistererscheinung zu bewahren, verlangt, daß alle sich ahnungslos stellen, egal, was er auch tun werde, und kündigt an, daß er's vielleicht für nützlich halten werde, sich »ein närrisches Gebaren anzuschminken« – als ob Horatio (und der Zuschauer) seine Narreteien nicht längst bemerkt hätte. Hamlet selbst gibt keine weitere Erklärung für sein Verhalten.

Man fragt sich – warum tut er das? Hat er einen geheimen Plan? Will er vielleicht erst den richtigen Zeitpunkt abpassen?

Will er warten, bis er Claudius allein trifft? Will er ihn vorerst in Sicherheit wiegen? Will er Helfer gewinnen? Will er eine große öffentliche Entlarvungsszene? Was will er? Wir erfahren nichts Gewisses.

Hamlet, der bislang so viel Persönliches preisgegeben hat, wird plötzlich undurchsichtig. Er, der bislang der Welt ihre schauspielernde Scheinhaftigkeit vorgeworfen hat, zieht sich eine Maske über. Hamlet spielt von nun an Theater: Er tarnt sich mit der Rolle eines Narren. Oder ist er durch die Begegnung mit dem Gespenst tatsächlich leicht närrisch geworden? Und so fangen wir Zuschauer an zu rätseln und uns Hamlets seltsames Betragen zu deuten. Und genau das Gleiche tun von nun an spiegelbildlich alle Personen des Stückes: Aufgeschreckt von Hamlets auffälligem, provozierend befremdlichem Verhalten, versuchen sie, aus ihrer jeweiligen Sicht seine Motive zu verstehen. Darum geht es in den folgenden Handlungsphasen. Aus unterschiedlichen Perspektiven wird von Hamlets Metamorphose erzählt:

Ophelia (1)

Die erste, die ratlos Hamlets verwandeltes Betragen aushalten muß, ist ausgerechnet die schüchterne Ophelia, die Tochter des Polonius, des obersten Staatsrates des Königs, und somit die Schwester jenes Laertes, der bei der Thronrede des Claudius um wohlwollende Erlaubnis zum Auslandsstudium gebeten hatte.

Ophelia hat offenbar eine heimliche Liebelei mit Prinz Hamlet, wie wir bei Laertes' Abreise ins sündenfrohe Paris erfahren. Moralinsauer und altklug herablassend verwarnt der deswegen seine Schwester: Hamlet sei nichts für sie, könnte sie als Prinz gar nicht lieben, wäre nur auf ein Abenteuer aus und wolle bloß ihre verbarrikadierte Keuschheit und Mädchenehre schänden.

Aus gleichem Grund wird sie danach von Vater Polonius streng zur Rede gestellt: Ein dummes Gör sei sie, wenn sie den lüsternen Einflüsterungen Hamlets glaube. Polonius untersagt Ophelia ein für allemal jedes Techtelmechtel mit Prinz Hamlet, fegt ihren zaghaften Versuch, von Liebe zu sprechen, achtlos beiseite und verbietet ihr kategorisch jeden Kontakt mit Hamlet. Als streng bewachte und behütete, an »kurzer Leine« gehaltene Schwester und Tochter darf Ophelia weder Bruder noch Vater viel entgegnen: Keinen Widerspruch, keinen eigenen Willen, keine Liebe kann sie sich erlauben. Sie gehorcht einfach stumm.

Nun plötzlich kommt sie zutiefst erschrocken und ganz außer sich zu ihrem Vater Polonius gelaufen. Hamlet war in ihr Zimmer eingedrungen:

»Wie ich in meinem Zimmer nähte, plötzlich
Prinz Hamlet, völlig aufgeknöpft das Wams,
Kein Hut auf seinem Kopf, die Strümpfe schlammig,
Kniebandlos abgerutscht wie Knöchelfesseln,
Bleich wie sein Hemd, die Knie zusammenschlackernd,
Und einen Blick so jammervoll im Ausdruck,
Als wär er aus der Hölle grad entlassen,
Um Schrecken auszuschrein – so tritt er vor mich hin.«

Viel mehr war nicht geschehen – Hamlet hatte sie noch schmerzhaft am Handgelenk gepackt, sie starr angestiert, abgründig geseufzt und war schweigend davongewankt. Ein rätselhafter Auftritt. Für die schüchterne, verliebte Ophelia aber war es ein Erlebnis zum Fürchten.

Während die ratlose Ophelia sich fürchtet, interpretiert Polonius die ausgesendeten Signale der beschriebenen Szene messerscharf: Hamlet leidet an der Raserei der verschmähten Liebe. Das Verbot, Ophelia zu sehen, hat Hamlet verrückt gemacht, denn frustrierte Liebe ist ein schlimm zerstörerisches Leiden und kann den Verstand

Zeichen, Posen, Masken

Hamlets Eindringen in Ophelias Kammer war offenbar ein sehr beeindruckender, theatralischer Auftritt. In elisabethanischer Zeit wurde in höfischen Kreisen ein erheblicher Kult mit dem »Styling« des Ego getrieben. Die Theatralisierung von inneren Gefühlen zu äußeren Posen gehörte zum guten Ton, die Selbstinszenierung war unabdingbares Mittel der Selbstbehauptung auf dem Schlachtfeld der höfischen Salonkultur. Es gab Lehrbücher der Etikette zur Selbstgestaltung, eine Gesten- und Verhaltenstypologie zur Imagepflege für alle Lebenslagen, nicht unähnlich dem Posen-Kanon von Schauspielern.

Es ging allerdings nicht darum, sich so darzustellen, wie man tatsächlich war; erstrebt war keineswegs eine Projektion des wahren inneren Zustandes in äußere Zeichen, sondern man stilisierte sich gezielt so, wie man gesehen werden wollte. Die eigene Pose war sorgfältig geplanter Selbstentwurf zum einzigen Zweck, auf den Betrachter eine bewußt gewählte, manipulative Wirkung auszuüben. Das Ziel der Übung war zum Beispiel im berühmten und einflußreichen Lehrbuch DER HÖFLING von Castiglione (1518) beschrieben: Die höchste Vollendung des Hofmanns bestand demnach darin, sein künstliches Äußeres mit solcher »sprezzatura«, solcher »Leichtigkeit« künstlich zu gestalten, daß es wie natürlich wirkte. Da alle das Gleiche taten, ergab sich die höfische Welt als Dauer-Maskenball scheinbar natürlich wirkender Versteller. Zeichen wurden mit Zeichen beantwortet, Signale auf Signale gesendet, Verhaltenscodes verschlüsselt und entschlüsselt: Die hohe Kunst der Zeichen-Deutung war in höfischer elisabethanischer Welt unabdingbare Alltagsbewältigungsstrategie.

Hamlet benutzt nach Ophelias Beschreibung wohl den düsteren Posen-Kanon des weltschmerzgeschüttelten Melancholikers – oder ist im Zeichenrepertoire der provokanten äußeren Vernachlässigung mehr die Persona »gemeingefährlicher Narr« angelegt?

und die physische Gesundheit untergraben. Dies, so meint er, muß umgehend dem König mitgeteilt werden. Ophelia wird nicht gefragt.

Wir als Zuschauer wissen allerdings mehr über Hamlet als alle seine Gegenspieler, und so wissen wir nach allem Vorausgehenden, daß es der Liebeskummer nun wohl nicht sein kann – aber trotzdem wissen wir nicht genug. Man fragt sich: Warum erschreckt Hamlet, der doch so eilig den Mörder Claudius zur Strecke bringen soll, jetzt ausgerechnet als erstes »Opfer« Ophelia, die er ja wohl liebt? Hat er nichts Wichtigeres zu tun? Was bezweckte Hamlet mit diesem rätselhaften Auftritt? Gehört das zu seinem angekündigten »närrischen Gebaren«, war der Auftritt also bewußt gespielt? Nur – wenn ja, warum? Was wollte er Ophelia damit signalisieren, was wollte er damit erreichen? Oder war sein groteskes Verhalten – *horribile dictu* – am Ende vielleicht gar nicht gespielt, war es vielleicht gar »echt« und spontan? Dann ist Hamlet wohl doch psychisch verstört bis ins Krankhafte. Oder … oder …

Polonius

Staatsrat Polonius ist ein Staatsbeamter und treuer Diener seines Königs, der auf seine Pflicht hält wie auf seine Seele. Früher hatte er dem alten Hamlet treu gedient, jetzt dient er dem neuen Claudius. Er ist ein mitdenkender Staatsdiener, wie man ihn sich nur wünschen kann: Er denkt immer mit dem Hirn seines Herrn. Vater Polonius hat strenge bürgerliche Maßstäbe von Moral und Zucht und Ordnung. Seinem Sohn Laertes hält er vor dessen Abreise nach Paris eine lange Moralpredigt, die in der Aufforderung gipfelt: »Sei dir selber treu.« An welchen Zeichen man erkennt, was das wahre Selbst ist, gibt er ihm auch gleich mit auf den Weg: »Kleider zeigen oft den wahren Mann«, erklärt er und rät ihm, sich teuer anzuziehen.

Wem das gestylte Äußere als Ausdruck des wahren Wesens gilt, der muß wohl zwangsläufig auch Kontrolle für besser als Vertrauen halten: Kaum ist nämlich Sohn Laertes abgereist, schickt er ihm einen Diener hinterher, der ihm nachspionieren und sein Verhalten beobachten soll. Dem eigenen Sohn will er, ohne daß dieser ihm dazu Anlaß gegeben hätte, »mit Hakenschlagen und mit Bande-Spiel« auf die Schliche kommen und hält Nachschnüffelei für Weisheit und für Weitblick.

Lebensweisheit lehrt ihn auch, daß die Liebesschwüre des Prinzen Hamlet zu seiner Tochter Ophelia nur lauter lügnerische Signale sind, um sie ins Bett zu kriegen, und befiehlt ihr kategorisch in kaum verblümten Worten, die Beine zusammenzuhalten. Nun hat ihm Ophelia von Hamlets wirrem Auftritt erzählt, und sofort eilt er beflissen zum König, weil er darin das Rätsel von Hamlets seltsamem Betragen gelöst sieht: Hamlet wurde der Zutritt zu Ophelia verweigert:

»Und er, verstoßen – um's ganz kurz zu machen –
Fiel in ein Traurigsein, dann in ein Fasten,
Drauf dann in Schlaflosigkeit, drauf in Schwäche,
Darauf in Schwindel, und so Stuf um Stufe
In jenen Wahnsinn, worin er jetzt tobt
Und drob wir alle trauern.«

Hamlet, am Liebeswahnsinn erkrankt. Claudius zweifelt an dieser Deutung; Gertrud glaubt sowieso, der Grund sei eher »des Vaters Tod und vorschnell unsre Hochzeit«; aber Staatsrat Polonius bietet seinen Kopf dafür, daß er durch Ausforschungsmethoden rauskriegt, was die versteckte Wahrheit ist: Als Beweis hat er nicht nur Hamlets intime

Liebesbriefe, die er Ophelia selbstverständlich weggenommen hat und nun öffentlich verliest, nein, er bietet sogar seine eigene Tochter als erotischen Lockvogel für Observierungsmaßnahmen an: Der König soll sich mit ihm hinter einem Vorhang verstecken; dann würde er Ophelia auf Hamlet »loslassen«, wie er das ausdrückt, und wenn dann nicht der erotische Wahnsinn Hamlets beobachtbar würde, würde er sein Amt aufgeben.

Was bei Claudius politische Bespitzelung eines potentiell gefährlichen Gegners ist, inszeniert Polonius als Akt des Voyeurismus bei der eigenen Tochter. Wo Claudius im Bewußtsein seiner verbrecherischen Machtergreifung in Hamlets undurchschaubarem Verhalten eine latente Gefahr für seine Stellung wittert, deutet der obrigkeitshörige Beamte Polonius lediglich Wahnsinn aus Liebeskummer: »Ihr nobler Sohn ist irr.«

Rosenkranz und Güldenstern

Die Bespitzelungspläne des Polonius sind nicht die einzigen, die inszeniert werden. Königsmörder Claudius und Königin Gertrud haben Hals über Kopf zwei alte Jugendfreunde von Hamlet an den Hof beordert, Rosenkranz und Güldenstern, zwei bücklingsbuckelnde Höflinge, die einander ähneln wie eineiige Zwillinge. Sie können sogar wechselseitig ihre gedrechselten Floskelsätze zu Ende führen. Der Grund für diese Einbestellung: eine Anwerbung als Agenten Seiner Majestät des Königs:

CLAUDIUS: »Etwas hörtet
Ihr wohl von Hamlets Umwandlung – so nenn ich's,
Da nicht der äußre noch der innre Mensch
Dem, was er war, noch gleicht.«

Daß mit Hamlet etwas nicht stimmt, daß er wie ausgetauscht, im äußeren Auftreten wie im Wesen nicht wiederzuerkennen ist, wurde also bereits öffentlich auffällig und zum Thema von Klatsch und Tratsch im Staat von Dänemark. Unkontrollierbare Gerüchte im Volk sind gefährlich destabilisierend für eine Staatsregierung – besonders, wenn diese durch ein geheimes Verbrechen an die Macht kam.

Einen potentiellen politischen Gegner behält man am besten über seine privaten Schwachstellen im Griff. Von diesen wiederum erfährt man am sichersten über enge persönliche Bekannte des Ausspähungsobjektes. Und so unterbreitet Claudius Rosenkranz und Güldenstern einen

Schlüsselloch-Perspektiven und Lauschangriff

Geheimdienstliche Observationen und Aktionen zur Bekämpfung von »Staatsfeinden« waren zu Zeiten der Königin Elizabeth bereits an der politischen Tagesordnung. Das Überwachungssystem ihres obersten Geheimdienstchefs Sir Francis Walsingham entwickelte sich aus der prekären politischen Lage, in der sich Elisabeth während ihrer ganzen Regierungszeit befand: Da die »jungfräuliche Königin« keinen leiblichen englischen Thronfolger hatte, bestand außenpolitisch immer die Gefahr kriegerischer Auseinandersetzungen mit den gierigen Kontinentalmächten. Außerdem war das labile konfessionelle Gleichgewicht, das Elizabeth geschaffen hatte, von innen wie von außen durch die katholischen europäischen Mächte bedroht. Immerhin hatte der Papst Elizabeth exkommuniziert, aber überall in ihrem Reich wurde trotzig in Ecken und Winkeln heimlicher Katholizismus praktiziert. Katholische Priester und Mönche wurden heimlich ins Land geschleust, um das Volk zu infiltrieren, und Gerüchte – die schlimmsten Feinde

Vorschlag: ob sie als alte Kinderfreunde sich nicht in Hamlets Vertrauen einschleichen und ihn unauffällig danach aushorchen könnten, was es denn sei, was ihn so rätselhaft umtreibt – natürlich nur zu Hamlets eigenem Besten, auf daß man ihm helfen und sein verdüstertes Gemüt aufhellen könne. Der König macht ihnen das Angebot, als »IM« zu arbeiten.

Rosenkranz und Güldenstern nehmen umgehend so beflissen wie gewissenlos den Ausforschungsauftrag an und eilen zu Hamlet. Das »Unbekannte«, was Hamlet nach des Claudius vagen Worten eventuell drücken könnte, interpretieren sie sofort schlicht machtpolitisch, wie es sich aufstiegsorientierten Höflingen als erstes aufdrängt. Was sie in einem freundschaftlichen Gespräch verifizieren

einer damaligen staatlichen Ordnung – sprachen destabilisierend von katholischen Mordkomplotten gegen die Königin. Vom möglichen Thronerben, dem schottischen König James, wurde ein katholisches Roll-back befürchtet, und das Rudel der intriganten englischen Earls, die bei Hof um den Thron kreisten wie die Wölfe um die Beute, ließ sich nur mühsam mit Zuckerbrot und Peitsche von Elizabeth in Schach halten. Wie real die Bedrohung war, bewies der versuchte Staatsstreich ihres Günstlings Graf Essex im Jahr 1601. Ein geheimes Polizeisystem (obwohl es gar keine »Polizei« im heutigen Sinne gab) erschien nötig und wurde aus solchen Bedrohungen des Staates gerechtfertigt. Es bestand offenbar in erstaunlicher Effizienz: Über Shakespeares Dichter-Kollegen Christopher Marlowe, der 1593 unter undurchsichtigen, nie aufgeklärten Umständen im Hinterzimmer einer Kneipe erstochen wurde, gibt es Geheimdienstprotokolle, die seine privaten Gespräche in Londoner Schenken wiedergeben.
HAMLET ist also auch ein Spionage-Thriller.

wollen: Benimmt Hamlet sich seltsam, weil er als Prinz und eigentlicher Thronfolger nach dem Tod seines Vaters nicht König geworden ist?

Ist frustrierter Macht-Ehrgeiz der Kern seiner düsteren Persönlichkeitsverwandlung – oder im Klartext: Schmiedet Hamlet politische Umsturzpläne? Und so klopfen sie – nach ein paar scheinbar unbefangen-fröhlichen Begrüßungszoten unter alten Freunden – bei Hamlet auf den Busch. Aber sie kommen nicht weit; Hamlet, anfangs hin- und hergerissen zwischen Wiedersehensfreude und Mißtrauen, entdeckt schnell den Unterschied zwischen freundschaftlichem Schein und intrigantem wahren Sein und sagt seinen Freunden auf den Kopf zu, daß sie Spitzel seien. Betreten müssen sie es zugestehen. Hamlet, dem sich die Welt wieder einmal als doppelbödig entlarvt hat, erkennt »Freunde« als Handlanger des Mörders und ist einen Schritt weiter in die Isolation abgeglitten: Jeder am dänischen Hof kann Spion der Macht sein. Spionage-*abwehr* tut not, und so liefert er Rosenkranz und Güldenstern freiwillig frei Haus eine Selbsterklärung für sein Verhalten, zur Weitergabe an Claudius und Gertrud:

»Ich habe seit kurzem, doch ich weiß nicht, warum, all meine Heiterkeit verloren; und wirklich steht's so schwarz um mein Gemüt, daß dieses herrliche Bauwerk, die Erde, mir wie ein dürres Vorgebirge scheint, dieser ganze prachtvolle Baldachin, die Luft, seht ihr, dies glorreich weitgewölbte Firmament, dies majestätische Dach mit goldenen Feuern ausgelegt, tja, als nichts kommt's mir vor als ein übel stinkender Pestilenzhaufen von Dünsten. Welch Meisterwerk ist doch der Mensch, wie groß an Vernunft, wie unbegrenzt an Fähigkeiten, an Gestalt und an Geste wie wunders harmonisch verschmolzen, im Tun gleich einem Engel, im Begreifen wie gleich einem Gott:

das Schmuckstück der Welt, die Vollendung alles Lebendigen und dennoch, für mich, was ist diese Quintessenz des Staubs? Ich hab keine Lust am Menschen.«

Es ist eine der berühmtesten Passagen des Stückes. Die glorreiche Schönheit und Vollendung der Erde und des darüberschwebenden, gestirnten Himmelsgewölbes werden beschworen, und ein idealisches Bild vom »Meisterwerk Mensch« als gottgleicher Krone der Schöpfung wird entworfen. Die Stelle wird gerne zitiert als Beispiel für Hamlets beziehungsweise Shakespeares tief philosophisches Denken über die Welt, als Botschaft und Spruchweisheit zum »Nach-Hause-Tragen«.

Aber Vorsicht! So klingt sie nur, wenn man sie aus ihrem dramatischen Kontext reißt; es ist eine sehr schillernde Passage, und wie sie wirklich »gemeint« ist, läßt sich gar nicht so sicher sagen. Zunächst einmal handelt es sich nicht um eine originelle Shakespearesche Erfindung, sondern durchaus um thematische Versatzstücke, um nicht zu sagen um Klischees und Allgemeinplätze der Renaissance, wie sie vielerorts zu finden sind, nicht zuletzt bei Montaigne. Hamlet *zitiert* hier zunächst eine gängige philosophische Weltsicht.

Aber meint er das auch tatsächlich selbst, was er da zitiert? Es könnte sich auch um ein boshaftes Katz-und-Maus-Spiel mit Rosenkranz und Güldenstern handeln, um ein Zünden von Nebelkerzen, um im militaristisch-geheimdienstlichen Jargon zu bleiben, hinter denen er verschwinden möchte: Es könnte reine Blödelei sein. Alle erwähnten Beispiele lassen sich nämlich doppeldeutig auf das konkrete Theatergebäude beziehen: Hamlet, der etwas abrupt von einem »dürren Vorgebirge« redet, steht nämlich konkret auf einer vorspringenden Bretterbühne, die im elizabethanischen Theaterjargon als *promontory*

(= erstens »Vorgebirge«; zweitens »vorspringender Teil, Vorbühnenpodest«) bezeichnet wurde; der »Himmel« und Baldachin kann durchaus auf den konkreten blauen »Himmelsbaldachin« über der Bühne anspielen, auf dem Sonne, Mond und Sterne aufgemalt waren; *this frame the earth*, das »Bauwerk Erde« läßt sich auf die Fachwerk-Holzkonstruktion des *Globe* beziehen – und der Name von Shakespeares Theater bedeutet ja »Globus, Welt, Erde« – mit dieser Doppeldeutigkeit spielt Shakespeare in vielen Stücken. Es ist also durchaus denkbar, daß Hamlet hier ein ironisch schillerndes Spiel mit Stückrealität und Theaterrealität veranstaltet und alles, was er anscheinend so tief philosophisch über »die Welt« erzählt, eigentlich närrisch als scheinhafte Theaterei verhöhnt: Das »Meisterwerk Mensch« kann ja ersichtlich auch hervorragend morden, heucheln, sich verstellen, inzestuös huren, und Hamlet hat derzeit wenig Grund, den Menschen als Wunderwesen zu apostrophieren.

Vielleicht ist die Passage aber tatsächlich eine konkrete Selbstbeschreibung von Hamlets umdüstertem Zustand? Hamlet erklärt ja darin auch, an einer schweren Depression zu leiden (»Hab alle Heiterkeit verloren«, »es steht so schwarz um mein Gemüt«). Dieser Zustand hieß zu elizabethanischer Zeit »Melancholie« und galt als klar umschriebenes, psychosomatisches Krankheitsbild (siehe Exkurs der nächsten Doppelseite). Vielleicht will sich Hamlet mit dem »Wunderwerk«-Text ja auch aufrichtig den alten Freunden als krank anvertrauen.

Andererseit: Es gibt keinen Grund, warum Hamlet dem Mörder seines Vaters und dessen Handlangern eine ernstgemeinte Selbstoffenbarung liefern sollte, im Gegenteil. Aber vielleicht ist die »Melancholie«-Eigendiagnose ja gerade Teil von Hamlets Plan? Vielleicht *spielt* Hamlet hier nur den Aufrichtigen, um überzeugend als Kranker dazustehen und damit Claudius in Sicherheit zu wiegen? Dann wäre also seine »aufrichtige« Selbstbeschreibung nur Maske, und er leidet gar nicht an der Gemütskrankheit »Melancholie«? Aber andererseits könnte er natürlich auch tatsächlich der Melancholie verfallen sein und mit dem, was tatsächlich *ist*, ein scheinhaftes Spiel treiben, um mit der Wahrheit zu lügen ...

Was ist nun davon richtig, was ist gemeint, wie ist es gemeint? Rosenkranz und Güldenstern wissen es nicht, und auch kein Betrachter des Stückes wird es je mit absoluter Sicherheit wissen – ein Vexierbild enthüllt sich.

Indem Hamlet hier nun in das Assoziationsfeld des Melancholikers gerückt wurde, erweitert sich das Bild. Wir sehen nicht mehr nur den theaterspielenden Hamlet vor uns, der sich bewußt aus Selbstschutz hinter der Maske des Narren und Blöden versteckt wie sein Vorgänger »Amleth« beim alten Saxo Grammaticus. Hamlet rückt mit der klinischen Diagnose der Gemütskrankheit »Melancholie« in eine zwielichtige Zone, wo gespielter und echter Wahnsinn miteinander verfließen und für die Beobachter im Stück wie für das beobachtende Publikum ununterscheidbar werden. Hamlets Worte und Hamlets Verhalten öffnen einen weiten Denkraum für endlos kreisende Spekulationen und Vermutungen, ohne daß der Text je Halt und festen Grund darüber lieferte, was »Hamlet« wirklich ist und wirklich tut.

Das Ergebnis der Ausspähaktion ist mager; Rosenkranz und Güldenstern können ihrem Agentenführer Claudius nichts anderes melden, als daß Hamlet zugegebenermaßen sich verstört fühle, aber nicht willens sei, ausgehorcht zu werden, und »mittels Wahnsinnsposen Abstand« hält.

Die elizabethanische Modekrankheit »Melancholie«

Das heutige klinische Krankheitsbild des manisch-depressiven Syndroms, das mit Psychopharmaka behandelt wird, mag ein entfernter moderner Abkömmling jenes Leidens sein, das zu Shakespeares Zeiten als ein akuter Anfall der Krankheit »Melancholie« gedeutet wurde. Weit auseinander sind die beiden Krankheiten allerdings in ihrer Genese und ihrer soziomedizinischen Bedeutung: Der Melancholiker war sowohl Kranker als auch Charaktertypus. Die elizabethanische »Depression« wurde in der sich umdüsternden Endzeit, als die das ausgehende 16. Jahrhundert empfunden wurde, durchaus auch zur modischen Pose dekadenter Höflinge, die sich in affektiertem melancholischem Weltüberdruß gefielen.
Von antiken und mittelalterlichen Theorien von Aristoteles und Paracelsus ausgehend, nahm man an, daß im menschlichen Körper analog zu den vier Elementen vier verschiedene Säfte vorhanden waren: Blut, Phlegma (Schleim), warme, gelbe Galle und trockene, kalte schwarze Galle; war ihr quantitatives Verhältnis harmonisch ausgewogen, war ein Körper gesund, überwog hingegen einer der Säfte auf Kosten der anderen, so führte dies zu physischen Krankheiten, die sich ihrerseits wieder in psychischer Befindlichkeit ausdrückten. Aus der angeborenen Grundmischung eines Menschen ergab sich seine Einordnung zum Typus des Sanguinikers, des Phlegmatikers, des Cholerikers und des Melancholikers (der zuviel schwarze Galle in sich trug). Hamlets fiktive/reale Selbstbeschreibung und sein gesamtes Verhalten findet Parallelen in einer zu Shakespeares Zeiten gängigen ABHANDLUNG ÜBER DIE MELANCHOLIE von Timothy Bright (1586):
»Einem Körper, der so vom Dunkel der Melancholie besessen ist, verdüstern sich Sonne und Mond und all die trostreichen Planeten, dergestalt, daß sie, wenn sie erscheinen, alle dunkel wirken und mehr als nur halb verfinstert sind von diesem Nebel des Schwarzen [...] Die Heimsuchungen der

Melancholie sind meistenteils von trauriger und ängstlicher Art, und was daraus erwächst: wie Mißtrauen, Zweifel, mangelndes Selbstvertrauen oder Verzweiflung, manchmal wütend und manchmal auch heiter im Anschein durch eine Art sardonischen oder falschen Lachens [...] Melancholie brütet in Menschen argwöhnischen Zweifel aus und zwingt sie, die eigentliche Bedeutung der Dinge genauer und hartnäckiger zu erforschen. Dazu kommt die Vehemenz ihrer Leidenschaften, wenn diese erst einmal geweckt sind [...] Solche Menschen sind grüblerisch, mißtrauisch und brauchen lange für Entschlüsse, weil ihre inneren Ängste oder ihre innere Dunkelheit sie Gefahren in allen äußeren Dingen wahrnehmen lassen, wo es gar keinen Grund zum Mißtrauen gibt.«

Ophelia (2)

Die schüchterne Ophelia wird auf Hamlet »losgelassen«, König und Polonius stehen versteckt als Lauscher-an-der-Wand hinter einem Vorhang. Ophelia weiß, daß sie beobachtet wird, sie weiß, welche Rolle sie zu spielen hat. Sie weiß, daß Hamlet *nicht* weiß, daß die Szene beobachtet wird – kurz: Ophelia wird gewaltsam auf eine Bühne gestellt. Sie möchte Hamlet traurig seine Liebespfänder und Andenken zurückgeben – Hamlet behauptet grobschlächtig, ihr niemals welche gegeben zu haben, sie niemals geliebt zu haben, Liebe nur geheuchelt zu haben, und macht ihr eine grausame Szene.

Es ist eine wahnwitzige und zynische Stegreif-Improvisation über das Thema »Sittlichkeit«, was da in wilden Paradoxien und wirren Gedankensprüngen aus ihm herausbricht: »Sittlichkeit« sei dem alten Adam im Menschen nur aufgepfropft, er selber, Hamlet, sei ein verbrecherischer Erzgauner wie alle anderen Menschen auch, sie, Ophelia, sei wie alle Weiber, eine einzige verlogene, geschminkte Maske, die nur die Männer verrückt machen will, sie sei ein insgeheimes Luder aus reiner Lüsternheit. Er empfiehlt ihr tobend, in ein Kloster oder in ein Bordell zu gehen, und vermacht ihr den Fluch, daß sie selbst bei übermenschlicher Keuschheit der Verleumdung anheimfallen solle, und läßt sie stehen.

Es ist ein unverzeihlich übler, frauenfeindlicher Ausbruch, in dem Hamlet gegen die an allem unschuldige, völlig verstörte Ophelia wütet. Sie erklärt sich Hamlets Verhalten so:

»O welch ein adelshoher Geist ist hier zerstört!
Des Hofmanns Aug, des Kriegers Schwert, des Klugen
Mund,
Die Hoffnung und die Rose dieses Staats,
Spiegel der Hof-Art, Muster feinster Formen,
Der Aufmerksamen Merkziel, ganz, ganz fort!
Und ich, der Frauen elendste und ärmste [...],
Seh diesen adlig-hoheitsvolln Verstand
Wie Glocken schrill mißtönend außer Takt ...
Zerfetzt von Raserei.«

Hamlet ist in den Augen der ratlosen Ophelia wahnsinnig geworden. Aber ist die grausame Szene, die er ihr macht, vielleicht nur gespielt? Hat Hamlet vielleicht gemerkt, daß sie belauscht werden? Manches im Text könnte dies vermuten lassen. Ist es vielleicht nur eine theatralische »Nummer«, die Hamlet hier aufführt, um die Spitzelaugen zu täuschen? Spielt Hamlet Theater, um das Theaterspiel der anderen zu kontern? Wie verhält sich einer, der weiß, daß sein Zimmer vom Geheimdienst verwanzt ist, aber nicht will, daß der Geheimdienst weiß, daß er's weiß?

Weiß Hamlet, daß Ophelia den Lockvogel spielt, und läßt sie seine Wut und Enttäuschung spüren? Oder ist Hamlet vielleicht doch wirklich so, wie er scheint – ein leicht verrückter, brutaler Frauenfeind, ein pathologischer Fall?

Spinnt sich hier Hamlets Ekel über das Sexualleben seiner Mutter mit Claudius fort in einen Ekel über Frauen im allgemeinen, und bekommt ihn die ehemals geliebte Ophelia nur stellvertretend ab – oder ist alles Pose? Benutzt Hamlet gespielten Frauenhaß als Mittel, um vor den Spitzelaugen überzeugender in der Rolle als enttäuschter Liebhaber durchzugehen, oder ist es eine täuschend natürliche Pose aus echtem Ursprung? Benutzt Hamlet das, was er wirklich empfindet, als Mittel in einem künstlichen Spiel, will er mit der Wahrheit lügen?

Nichts Gewisses weiß man nicht.

Hamlet will wissen, was hinter den Masken des Hofes steckt. Alle wollen wissen, was hinter Hamlets Wahnsinns-Maske steckt – echter Wahnsinn oder nicht? Wo jede natürlich scheinende »Persona« als künstlich fabrizierte Selbstkonstruktion verstanden wird, ist es für andere Selbststilisierer nicht leicht zu entscheiden, was an einem natürlich *wirkenden* Wahnsinn tatsächlich natürlich ist. Was natürlich wirkt, kann auch die zur Natürlichkeit geronnene Verstellung sein. Was man sieht, ist wahrscheinlich Lüge. Wahr sein wird nur das, was unsichtbar ist. Die Welt der äußeren Erscheinungen ist nichts, die geheime, unsichtbare Wahrheit hinter der Oberfläche muß man schauen.

Zum Schluß der »Spionage-Phase« des Stückes ist das Rätsel Hamlet nicht geklärt: Als »Wahnsinnsposen« deuten Rosenkranz und Güldenstern Hamlets Verhalten; Ophelia versteht es als geistige »Raserei«; Polonius erklärt nach der Voyeurszene mit Ophelia: »Der Urbeginn und

Von Verstellung und Verschleierung

»Mit der Wahrheit lügen« oder »mit der Lüge Wahrheit schaffen« – wieder wird der Zuschauer mit einer Grauzone zwischen Spiel (im Spiel) und Wirklichkeit konfrontiert, die kein eindeutiges Wissen zuläßt. Hamlets Verhalten erscheint Ophelia überzeugend, sein Wahnsinn wirkt »natürlich«. Der Zuschauer weiß mehr als Ophelia und sieht trotzdem einen Verhaltensgestus, der allen Dechiffrier-Bemühungen trotzt.
Dabei führt Hamlet in verzerrter Form nur das vor, was allgemeine Norm und Regel für zivilisiertes und weltkonformes Betragen ist. Laut Castigliones Etikette-Buch soll ein Hofmann (wie Hamlet, der »Spiegel der Hof-Art, Muster feinster Formen«) sein Gehabe künstlich auf eine Weise »stylen«, daß es wirkt, als sei es natürlich. Also ist das scheinbar »Natürliche« des Verhaltens das Ergebnis einer künstlichen Bemühung, und diese Künstlichkeit gehört zur »Natur« des Hofmanns. Da jeder sich verstellt, muß man folglich sein eigenes Selbst noch besser verstellen, um dem anderen Versteller auf die Schliche zu kommen. Das gesellschaftliche Verhaltensgesetz der Welt zu Beginn der Moderne lautet aus dieser Sicht: »Verstelle dich besser.« Die Kunst der Verstellung des Selbst wird ausdrücklich als Norm und Lebensmaxime im Stück unterrichtet – Polonius, der biedere Bürger und Staatsrat, erweist sich als ihr vorzüglicher Lehrmeister bei seinen Kindern Laertes und Ophelia ebenso wie beim Spionage-Auftrag für den Diener Reynaldo.
Es gibt solche Unterweisungen auch außerhalb des HAMLET in der elizabethanischen Welt: Sir Francis Bacon hat in seiner Sammlung ESSAYS UND RATSCHLÄGE SITTLICHER UND MORALISCHER ART im Jahr 1597 unter der Überschrift »Von Verstellung und Verschleierung« dazu folgendes zu Papier gebracht: »Es gibt drei Stufen bei diesem Verbergen und Verschleiern des Selbst. Die erste ist Verschlossenheit, Zurückhaltung und Verschwiegenheit. Die zweite ist Verschleierung im negativen Sinn: wenn ein Mensch Zeichen und Andeutungen fallenläßt, daß er nicht ist, was er ist. Und die dritte

ist Verstellung, die etwas behauptet: wenn ein Mensch emsig und eifrig etwas zu sein vorgibt und vortäuscht, was er nicht ist. [...] Die großen Vorteile der Verstellung und der Verschleierung sind von dreierlei Art. Erstens, um Gegnerschaft in den Schlaf zu lullen und zu überraschen. Denn wenn die Absichten eines Menschen öffentlich bekannt werden, ist dies wie ein Trompetensignal, das alle auf den Plan ruft, die dagegen sind. Der zweite ist, dem Selbst eines Menschen einen guten Unterschlupf zu gewähren. Denn wenn ein Mensch sich durch handfeste Erklärung festlegt, so muß er es zu Ende bringen oder daran scheitern [...] Der dritte ist, daß er dadurch [durch Verstellung] die Absichten anderer um so besser aufdeckt. Denn dem, der sich [scheinbar] offen gibt, wird kaum jemand in die Parade fahren, sondern wird vom offenen Reden zur offenen Darlegung seiner eigenen Gedanken kommen. Und drum gibt es dieses schlaue spanische Sprichwort: ›Erzähle eine Lüge und finde einen Getreuen‹; als ob es kein Mittel zur Wahrheitsaufdeckung gäbe als die Verstellung.«

Alles Theater. Die ganze Welt ist eine Bühne. Alle Frauen und Männer sind nur Schauspieler, die auftreten und wieder abgehen und viele Rollen spielen. So erklärt es der Melancholiker Jacques in Shakespeares WIE ES EUCH GEFÄLLT in seinem berühmten Monolog. Sich verstellen und den anderen beim Verstellen beobachten, bis man ihn in einem unbedachten Moment erwischt, das scheint die Maxime der modernen (Hof-)Welt zu sein. So könnte man auch das Verhalten sich umkreisender Wölfe beschreiben. Wenn aber alle Masken vor sich hertragen – was ist das Selbst hinter der Maske?

Anfang seines Kummers/Entsprang verschmähter Liebe.« Nur Claudius, offenbar der fähigste Versteller und Beobachter in der Welt des Hofes, interpretiert die Signale des hamletischen Rollenspiels anders:

»Liebe? Sein Leiden geht auf so was nicht
Noch was er sprach, so etwas wirr, wie's war,
Das war kein Wahnsinn …
Und *ich* fürcht, was da ausschlüpft, sich gebiert,
Das birgt Gefahr.«

»Die Schauspieler sind gekommen«

Von Masken und Posen, von Rollenspiel und Verstellung war die Rede – nun kommen Figuren ins Spiel, die die Verstellung des Selbst zum öffentlichen Beruf gemacht haben. Auf dem Schloß von Helsingör trifft eine Truppe fahrender Schauspieler ein.

Dergleichen war üblich in elizabethanischer Zeit: Schauspieltruppen zogen übers Land und boten ihre Dienste auf den großen Adelsschlössern an, wo man dergleichen Unterhaltung gern willkommen hieß. Hamlet ist ersichtlich begeistert. Keine Spur seiner Wahnsinnsposen mehr, keine Rede mehr von Racheplänen – Theaterklatsch und Theaterfehden aus der Hauptstadt und die Erlebnisse der ihm von früheren Gastspielen bekannten Truppe beschäftigen ihn offenbar brennend.

Sofort möchte er vom ersten Schauspieler einen bestimmten Monolog über den Fall von Troja vorgetragen hören. Und zur besseren Einstimmung deklamiert Hamlet, offenbar ein begeisterter Laienspieler, den Anfang gleich selbst (vermutlich ziemlich gräßlich), bis er an den Schauspieler übergibt (der eine bewegende, tragische »Nummer« daraus macht).

Polonius, der Kunstbanause, unterbricht den Vortrag mehrmals mit unpassenden, clownesken Einwürfen, bis schließlich aber auch er von der emotionalen Gestaltung des Schauspielers beeindruckt ist. Hamlet bittet nun noch den Schauspieler, am folgenden Abend ein Stück namens »Die Ermordung des Gonzago« aufzuführen und ein paar Verse einzubauen, die er, Hamlet, verfassen würde, und entläßt die Schauspieler in ihre Unterkunft. Hamlet bleibt allein und spricht einen Monolog ....

Es scheint nicht viel zu geschehen in dieser Szene. Der Handlungsablauf wirkt durch die Deklamiererei wie unnötig verzögert, und der Text selbst klingt so übertrieben pathetisch nach Schmierentheater, daß schon häufig vermutet wurde, der große Shakespeare müsse diesen Schwulst irgendwo abgeschrieben haben:

HAMLET: »Der rauhe Pyrrhus, er, dessen schwarze Wehr,
Schwarz wie sein Vorsatz, jener Nacht gar glich,
Als er in Trojas Unheilsroß gelauert,
Hat's schreckensschwarze Äußre nun beschmiert
Mit graus'rer Wappenfarb'. Von Kopf bis Fuß
Ist er jetzt rot, ganz rot, furchtbar geziert
Mit Blut von Vätern, Müttern, Töchtern, Söhnen,
Krustig verbacken von der Glut der Gassen,
Die höllnverfluchtes Feuerlohlicht liehn
Zum Mord an ihrem Herrn.«

Aber Vorsicht! In der scheinbar so drögen, undramatischen Szene passiert sehr viel – wenn auch nicht direkt an der Oberfläche. Es ist eine Szene, die auf der Bühne deutlicher werden kann als auf dem Papier. Wenn bislang über Spiel und Verstellung *geredet* wurde, so wird in dieser Szene mit praktisch theatralischen Mitteln über »Theater« reflektiert und über das irritierende Verhältnis von Illusion und Wirklichkeit. Die Ereignisse werden für Hamlet zu einer komplexen Schlüsselszene.

In der Blankvers-Tragödie HAMLET wird ein Stück der Blankvers-Tragödie DER UNTERGANG TROJAS aufgeführt, Theaterspiel im Theaterspiel – es geht um *zwei verschiedene Stücke*, die nicht auf der gleichen Wirklichkeitsebene stattfinden: Das TROJA-Stück im Stück ist eine künstliche Aufführung in Hamlets realer Lebenswelt. Um es von dieser abzusetzen, muß es somit künstlicher erzählt und geschrieben werden als der Text zum Stück HAMLET.

Einen anderen Sprachstil für das Troja-Stück zu verwenden, ist ein raffinierter Theatertrick, mit dem für den Zuschauer unterschiedliche Illusionsstufen auf der Bühne erzeugt werden. Der bombastische und pathetische Hohe-Tragödien-Ton des deklamierten Textes ist zudem ein Zitat: Shakespeare benutzt den Formenkanon der klassischen Seneca-Tragödie. Derartiges klassisches Pathos war zu Shakespeares modernen Zeiten bereits

Der Seneca-Stil

Zu Beginn des elisabethanischen Theaterwunders wurden die Tragödien des Seneca (4 vor bis 65 nach Christus) als Vorbild aufgefaßt und häufig nachgeahmt. Es waren fünfaktige Dramen über sensationelle Ereignisse aus dem griechisch-römischen Mythenschatz, voller Raub, Mord, Rache, Unzucht, Inzest und Hurerei, dargeboten von einem Chor und einigen Protagonisten und Antagonisten in hohem, kunstvoll-rhetorischem Deklamationsstil. Die schauerlichen Begebenheiten und Greuel wurden bei Seneca aber nicht auf der Bühne konkret dargestellt, sondern mit der dramatischen Technik des »Botenberichts« und der »Mauerschau« nur erzählt – das elisabethanische Theater ging dann sehr schnell dazu über, sie konkret drastisch-szenisch auszuagieren. Der manchmal schwülstige Seneca-Stil wurde bald parodiert.

überholt – es stand für eine ältere Zeit und eine vergangene alte Welt (ein bißchen so, wie wenn in einem heutigen Hollywood-Thriller plötzlich jemand ernsthaft Shakespeare-Texte zitiert – zwei Welten stehen sich gegenüber).

Aus der alten Welt stammt aber nicht nur der sprachliche Stil dieser Passage, sondern auch ihr Inhalt. Es ist eine Art »Botenbericht« des trojanischen Helden Aeneas, der nach dem Fall Trojas zu Dido von Karthago floh. Aeneas beschreibt den grausamen Untergang seiner Stadt, entscheidend geprägt durch den »rauhen Pyrrhus«.

Der Grieche Pyrrhus ist der Sohn des Helden Achill, der im Kampf um Troja vor der Stadt gefallen ist. Sohn Pyrrhus ist nun – im hölzernen Pferd versteckt – in die Stadt Troja gelangt und tut, was der Sohn eines erschlagenen Vaters zu tun hat: Er rächt ihn. Pyrrhus ist das, was Hamlet sein sollte: ein rächender Sohn. »Überklebt mit Blut, zu Klump geronnen, karfunkelgleichen Augs«, tobt Pyrrhus durch die Stadt und sucht den Troer-König Priamus als Ziel der Rache. Er findet ihn, hebt das Schwert zum Todeshieb über dem zusammengebrochenen alten Mann – da stürzt Troja donnernd in einem Flammenmeer in sich zusammen. Pyrrhus erstarrt für einen Moment in der Bewegung:

»So stand, wie ein gemalter Wüt'rich, Pyrrhus,
Und wie ein Neutrum zwischen Woll'n und Ziel
Tat nichts.«

Das Bild des im Ausholen erstarrten Rächers Pyrrhus gerinnt zu einer Metapher für Hamlets Verhalten: Auch dieser, der ebenfalls mit einer Rache beauftragt ist, steht ja da »wie ein Neutrum« und tut nichts. Es ist inzwischen schon eine ganze Weile her, daß Hamlet dem Geist versprochen hatte, »schnellflüglig gleich Gedanken« zur

Rachetat zu eilen. Später wird Hamlet konkret die Pyrrhusszene nachspielen: im günstigsten Moment hinter dem betenden Claudius mit gezücktem Schwert bereit zum Todeshieb. Anders als das Neutrum Hamlet bleibt aber der rauhe Pyrrhus nicht lange erstarrt als Mahnmal eines Tatgehemmten – wie ein Unwetter bricht sein neu geweckter Rachedurst wieder los und veranstaltet ein grauenvolles Gemetzel.

Hier aber kommt ein neuer Aspekt ins Spiel: Diese Geschichte wird nicht aus dem Blickwinkel des siegreichen Rächers geschildert. Der erzählende Aeneas ist Troer und berichtet vom blutrünstigen Racheakt aus der Sicht der *Opfer*. So erzählt er nicht vom Triumph und gestillten Blutdurst des erfolgreichen griechischen Rächers – er erzählt suggestiv vom Leid und dem Schmerz der Frau des getöteten Priamus. Dieses irdische Leid der Hecuba wird zu einer Anklage gegen die Götter, die solche Qual zugelassen haben, denn es hätte selbst im Himmel Mitleid erregen müssen.

Als Zuschauer beobachten wir hier eine Potenzierung des Theatervorgangs: Auf dem Theater wird das Theater zum Thema. Wir beobachten Hamlet, der zu einem Schauspieler wird, der die Rolle des Opfers Äneas spielt, der seinerseits den Rächer Phyrrus vorspielt. Der schauspielerische Akt erscheint als irisierender Moment einer *Spaltung der Identität*: Wie in einem schwindelrerregenden Spiegelkabinett sind drei auseinander tretende Hamlet-»Personas«, drei sich gegenseitig kommentierende Hamlet-Facetten theatralisch zugleich präsent.

So wie nun der Schauspieler die Rolle weiterspielt, wird auch Hamlet zum Zuschauer und beobachtet – *sich selbst im Spiegel* des Schauspielers. Er sieht sich im Bild des metzelnden Rächers; er sieht sich im zögernden Rächer; und er wird konfrontiert mit mitleiderhaschenden Bildern von den barbarischen *Folgen* der Rache, durch die der Rächer auf die moralische Stufe des Täters herabsinkt. Wir beobachten Hamlet, wie er sich selbst und mögliche Varianten seines Selbst im Spiegel »Theater« betrachtet.

Das künstliche Theater, das der Schauspieler aufführt, hat aber einen weiteren seltsamen Aspekt, den ausgerechnet

Spiegelerlebnisse

Es ist etwas Seltsames um Spiegelerlebnisse. Wer in den Spiegel blickt, sieht sich von außen. Er blickt sich selbst an, als ob er ein anderer wäre. Er blickt aber auch in sich selbst hinein. Zugleich sieht er sich selbst, wie ihn andere sehen. Aus dem Spiegel blickt ein anderer, der seinerseits ihn ansieht. Er wird sich selbst zum Beobachter, er ist Subjekt und Objekt in einem. Kurz: Er wird sich seiner selbst gewahr.

Es ist ein irritierender Moment. Heinrich von Kleist beschreibt in seinem Aufsatz »Über das Marionettentheater« einen schönen jungen Mann, der sich in vollendeter Grazie bewegt – bis er sich in seiner grazilen Bewegung zufällig in einem Spiegel erblickt. Er versucht die Bewegung zu wiederholen, aber es gelingt ihm nicht. Von diesem Tag an geht eine seltsame Veränderung mit ihm vor: »Er fing an, tagelang vor dem Spiegel zu stehen; und immer ein Reiz nach dem andern verließ ihn. Eine unsichtbare und unbegreifliche Gewalt schien sich, wie ein eisernes Netz, um das freie Spiel seiner Gebärden zu legen.«

Kleists junger Mann erlebt den Verlust der paradiesischen Unschuld durch Selbstreflexion. Der Blick in den Spiegel gleicht dem Biß in den paradiesischen Apfel vom Baum der Erkenntnis. Und er sieht, daß er nackt ist.

Hamlet sieht sich im Spiegel des Schauspielers, und es beginnt für ihn (wie für seine Epoche) das Drama des Individuums, das sich »seiner selbst bewußt« wird.

Polonius, der Banause mit seinen unpassenden Bemerkungen, so formuliert: »Da schaut her, hat der jetzt nicht gar die Farbe verloren und hat Tränen in den Augen.«

Die Illusionskraft der Theaterspielerei ist so groß, daß das Leid des Aeneas das Äußere des Schauspielers zu verändern scheint. Sein Mit-Leid scheint ganz »echt« und »natürlich«. Dabei ist es künstlich hergestellt, es ist Täuschung und entspricht nichts Wahrem im Innern.

Dieses seltsame Paradox über den Schauspieler provoziert Hamlet zu seinem nächsten Monolog.

»O welch ein Tropf und Bauernlump ich bin«

HAMLET: »O welch ein Tropf und Bauernlump ich bin!
Ist's nicht grotesk, daß dieser Spieler da
In nichts als einer Dichtung, einem Traum
Von Leidenschaft konnt seine Seele so
Auf seine eigne Vorstellung hinzwingen,
Daß durch ihr Wirken sein Gesicht ganz bleichte,
Tränen im Aug, Zerwühltheit in der Miene,
Die Stimme bricht, und 's ganze Innre schmiegsam
Formt seiner Vorstellung sich an? Und alles das um
nichts!
Um Hekuba!
Was ist ihm Hekuba, oder er ihr,
Daß er sollt weinen über sie? Was würd *er* tun,
Hätt er das Stichwort und 's Motiv zur Leidenschaft,
Das ich hab? *Er* tät in Tränen gleich die Bühne tränken,
Und aller Ohrn mit Schauerreden sprengen,
In Wahnsinn Schuldige, in Furcht Schuldfreie jagen,
Unwissende verwirrn und wahrlich die

Ur-Fähigkeit von Aug und Ohr betäuben.
Doch ich,
Ein dröger, stumpfstofflicher Gauner, schlurf hin
Wie Hans der Träumer, unschwanger mit der Sache,
Und kann nichts sagen – nein, nichts für einen König,
An dessen Hab und Gut und teurem Leben
Verfluchten Mord man tat. Bin ich ein Feigling?
Wer nennt mich Schuft, haut mir ein Ding aufs Hirn,
Reißt mir den Bart raus, bläst ihn mir ins Antlitz,
Zwickt mir die Nase, stopft mir meine Worte
Als Lügen in den Hals – wer tut mir das?
Ha!
Gottsblut, ich nähm's wohl hin: denn 's kann nicht anders sein,
Als daß ich taubenherzig bin, und Galle fehlt,
Den Tort mir zu verbittern, sonst hätt längst
Ich alle Himmelsgeier fettgemästet
Mit dieses Schufts Gedärmen. Blutgierig-geiler Bock!
Entmenscht-verräterisch-gnadlos-geiler Bock!
Hach, was bin ich ein Esel! das ist heldisch,
Daß ich, Sohn eines umgebrachten lieben Vaters,
Von Höll' und Himmel angespornt zur Rache,
Muß wie 'ne Hur mein Herz befrein mit Worten,
Und mich aufs Fluchen legen wie ein Flittchen,
Ein Küchenweib! Pfui drüber! Phaaah!
Nun dran, mein Hirn.«

Zum ersten Mal seit der Erscheinung des Geistes werden wir wieder zu Zeugen des Tumults in Hamlets Innenwelt – zu Beobachtern einer *spontanen* Äußerung, die nicht auf manipulative Wirkung bei irgendwelchen Mitspielern angelegt ist. Man erwartet, daß nun sichtbar wird, was hinter der »Maske« der Narretei und des Wahnsinns steckt – und wird doch nur einen weiteren Schritt in den Nebel geführt.

Hamlets Sprache ist aufgewühlt wie selten. Sie sprengt Versmaß, Syntax und Grammatik. Seine Argumentationen springen wild hin und her: Beginnend mit masochistischer Selbstbeschimpfung, tobt er los über die groteske Absurdität des Schauspieler-Auftritts: Daß ein bezahlter Komödiant mittels eines fiktiven Textes, eines fabulierten Abklatsches wirklicher Leidenschaft seine ganze Physis zum überzeugend natürlichen Ausdruck tiefen Leidens hintrimmen konnte, obwohl es den Schauspieler innerlich doch überhaupt nichts anging: Was bedeutet ihm Hekuba? Nichts, gar nichts! – Und trotzdem konnte er weinen über sie und die erschütterten Zuschauer zu Tränen rühren. Was täte dieser Mensch, wenn er solchen Grund zu leidenschaftlichen Emotionen wie Hamlet in sich fühlte? Er würde das Theater – ach was –, *alle Hirne* zersprengen! Und was tut er, Hamlet, den alles zur Tat ruft? Nichts tut er, nichts und nochmals nichts! Und warum?

Es ist nicht so, als ob Hamlet einen überlegenen Masterplan zur Racheausübung verfolgt, die dicht bevorsteht. Es ist auch nicht so, als ob Hamlet mit tiefschürfender Grübelei über das ethische Problem der Rache schwanger ginge und deshalb zauderte. Darüber verliert er kein Wort, mit Rache als solcher hat Hamlet offenbar keine Probleme – aber Hamlet wird *sich selbst* problematisch. Hamlet versteht sich nicht.

Noch bei der Krönungsfeier hatte Hamlet seiner Mutter und der ganzen angeblich trauernden Hofwelt pathetisch provozierend den Spruch »Doch in mir lebt, was Schau weit übersteigt« entgegengerufen und sein »wahres« Inneres, sein lebendiges, echtes Sein, gegen alle äußeren Posen behauptet. Nun aber erscheint die

»Schau«, die der innerlich unbeteiligte Schau-Spieler aufführt, viel wahrer und leidenschaftlicher als das angeblich so leidenschaftlich wahre Innenleben Hamlets.

Was ist das in ihm, was so viel gewichtiger, wertvoller, tiefer, bedeutender sein soll als die äußeren Posen aller anderen? Was ist das Wahre, Innere, was angeblich »Schau weit übersteigt«? Das beginnt Hamlet sich selbst zu fragen. Er betrachtet und analysiert sich wie einen Unbekannten und kommt zu ihn selbst überraschenden Selbstdeutungen: »Es kann nicht anders sein, als daß ich taubenherzig bin.« – »Ich« wird ihm ein Fremder.

Mit der Analyse seines Problems beschäftigen sich die Interpreten und Philosophen seit vierhundert Jahren.

»Was lesen Sie, mein Prinz?«

Sich selbst zum Fremden zu werden ist ein recht neues Thema in der Epoche der Renaissance. Ein Mensch verliert leicht den Boden unter den Füßen, wo stabile Ordnungen und Hierarchien der Welt, des Himmels und des Universums untergraben wurden – sei es durch Alternativen zum ehemals unteilbaren katholischen Glauben, sei es durch Aufbrüche zu den neuen Horizonten einer unentdeckten Welt, durch neue wissenschaftliche Fragen an die Natur und unerhörte neue Antworten, durch Umwälzungen in der gesellschaftlichen Ordnung als Folge nie dagewesener neuer Wirtschaftsmethoden. Er verliert leicht die naive Gewißheit seines Selbst.

Die Frage, wo der Mensch sich in der unsicheren äußeren Welt einordnen kann, mag auch zu neuen, bislang nie gestellten Fragen an seine Innenwelt führen: »Wer bin ich?«

Wo der frustrierte Tatmensch vielleicht zum Hammer greift, um sich die widerspenstige Welt zurechtzuschmieden, greift der reflektierende Mensch vielleicht zum Buch.

In der Szene II,2 tritt Hamlet »in einem Buch lesend« auf, wie die Regieanweisung explizit angibt. »Seht nur, wie da der Ärmste traurig kommt und liest«, kommentiert Gertrud. Polonius kommt hinzu und fragt verlogen betulich:

»POLONIUS: Was lesen Sie, mein Prinz?
HAMLET: Worte, Worte, Worte.«

Hamlet, der bösartige Clown, verweigert kalauernd die Antwort. Dies provozierte eine alte, unbeantwortbare Scherzfrage der Shakespeareologie: Was liest Hamlet? Eine Antwort könnte lauten: DIE ESSAYS VON MONTAIGNE.

Ab 1580 waren sie in Frankreich erschienen, 1595 wurde die erste Übersetzung in England eingetragen, um 1600 entstand der HAMLET. Wieweit Shakespeare diese Essays zu jener Zeit schon gekannt hat, ist nicht mit Sicherheit zu entscheiden, aber es ist auch nicht so wichtig. Epochale Themen liegen überall zugleich in der Luft und erlangen Gestalt in den Arbeiten unterschiedlichster Autoren. Es gibt erstaunliche Parallelen zwischen dem HAMLET und der skeptizistischen Haltung jenes ironischen französischen Renaissance-Philosophen Michel de Montaigne (1533–1592), der sich vornehmlich mit sich selbst unterhielt, die Innenschau zur philosophischen Erkenntnismethode machte und beispielsweise schrieb:

»Die Welt sieht immer gerade von sich weg; ich aber wende meinen Blick nach innen, und da halte ich ihn fest und lasse ihn verweilen. Jedermann schaut von sich weg, ich schaue in mich hinein; ich habe es nur mit mir selber zu tun; ich betrachte mich ohne Unterlaß; ich habe auf mich acht, ich schmecke mich, ich fühle mich. Andere gehen beständig von sich weg, wenn es um ernste Dinge geht [...] Ich kreise in mir selbst.«

Der Text könnte von Hamlet stammen. Montaigne geht es immer um sein eigenes Ich. Er will nichts anderes, als sich selbst begreifen, er ist der große Egoist, der sein Inneres als immer überraschend neue Landschaft durchforstet, deren klare Linien und Konturen ihm aber gerade dadurch verschwimmen, *daß* er sie betrachtet. Als Beobachter ist er selbst das Objekt seiner Beobachtung, das sich durch den Akt des Beobachtens verändert. Er ist nie ein Festes, er ist immer im Fluß: »Ich gebe meiner Seele mal dieses Gesicht, mal jenes. Wenn ich unterschiedlich von mir spreche, dann deshalb, weil ich mich unterschiedlich betrachte.« Montaignes Essays sind eine endlose Selbstbewußtseinsentfaltung, der alles zum Spiegel wird.

So neu, wie Montaignes Methode war, so bestürzend waren Montaignes Ansichten in einer alten Welt, die »aus den Fugen« geriet. Sichere Erkenntnis über die Phänomene des Lebens gebe es nicht, erklärte Montaigne mit lächelndem Skeptizismus. Alle Dinge seien in einem ewigen »Schaukeln« begriffen und unendlich vielgesichtig; und dieses Schaukeln der Welt erfaßt selbst den, der sie in der Innenschau ergründen will. Gewißheiten seien weder theoretisch durch Denken noch praktisch durch Handeln zu erreichen; höchstens könne man erkennen, daß man nichts Sicheres erkennen könne. »Ich bin ich« ist beim Skeptiker Montaigne eine donquijotische Selbsttäuschung. Das stabile »Ich« ist eine Illusion. »Ich« ist immer zugleich auch ein anderer. Wenn nicht gleich mehrere.

Was immer Hamlet, der ständig In-sich-Hineinschauende, tatsächlich lesen mag – er ist dabei, diese neue

Erfahrung zu machen. Man wird sie später als die neue »Grunderfahrung des Subjektes in der Moderne« bezeichnen. Shakespeare hat sie auf die Bretterbühne seines Jahrmarktsbuden-Theaters gebracht – so sehen es jedenfalls viele seiner Interpreten.

Hamlet glaubt noch nicht, daß es keine sichere Erkenntnis auf der Welt geben könne. Die Sache mit dem Geist kommt ihm plötzlich zweifelhaft vor – schließlich könnte es ja auch der Teufel gewesen sein, der einen schwachen Melancholiker wie ihn in die Irre führen wollte. Hamlet will letzte Sicherheit:

»Ich will Gründe,
Die sichrer sind. Das Schauspiel ist die Zange,
Drin ich 's Gewissen dieses Königs fange.«

Er will vor Claudius ein Schauspiel aufführen lassen, in dem so etwas wie der Mord an seinem Vater gezeigt wird. Aus den Reaktionen will er dann ablesen, ob Claudius schuldig sei – ob also Wahrheit ist, was der Geist ihm offenbart hat.

Wenn Spiel und Wahrheit äußerlich so ununterscheidbar, so gleichermaßen »natürlich« sind wie beim Spiel des Schauspielers, so könnte man der Wahrheit durchs Theaterspiel auf die Spur kommen. Hamlet will Claudius einen Spiegel vorhalten in Form eines Dramas.

Es ist aber auch ein seltsamer Sinneswandel zu bemerken: Gegenüber Horatio hatte Hamlet sofort nach der Geister-Begegnung erklärt, daß es ein »echter« Geist sei. Er war davon spontan völlig überzeugt, sein ganzes späteres Verhalten gründet auf diesem Schock. Nun also erneute Skepsis, der Geist wird plötzlich hinterfragt. Muß man als Zuschauer nun diese Skepsis Hamlets nicht ihrerseits skeptisch hinterfragen? Ist Hamlets überraschendes Bedürfnis nach Indizienbeweisen nicht vielleicht nur ein Vorwand, nicht zur Tat schreiten zu müssen, dessen er sich selbst unter Umständen gar nicht bewußt ist? Glaubt Hamlet sich hier, oder belügt er sich selbst?

Je länger man die fiktive Bühnenfigur »Hamlet« zuschauend begleitet, um so näher und wirklicher erscheint sie wie ein »echter Mensch«, und um so mehr wächst die Versuchung, das Spiel des bohrenden, ins Uferlose fortkreiselnden Fragens nach dem, was »dahinter« ist, mitzuspielen: hinter aller Textoberfläche eine weitere Dimension zu vermuten und dahinter noch eine und noch eine und sich im Sog des endlosen Relativierens zu verlieren. So kam es zu den Bergen von Sekundärliteratur.

»Sein oder nicht sein« – was ist hier die Frage?

Es ist der berühmteste aller Hamlet-Monologe und der berühmteste Monolog der Literaturgeschichte. So ist die erste Zeile nunmehr abgedroschen bis zum Überdruß. Hamlet spricht den Text ohne besonderen äußeren dramatischen Anlaß vor der Begegnung mit Ophelia, heimlich beobachtet von Polonius und Claudius.

»Sein oder nicht sein, das ist die Frage:
Ob's mehr uns adelt wohl im Geist, die Pfeile
Und Schleudern wüsten Schicksals stumm zu dulden,
Oder das Schwert zu ziehn gegen ein Meer der Plagen
Und im Anrennen enden: sterben … – schlafen,
Mehr nicht; und sagen, daß durch einen Schlaf
Wir 's Herzweh enden und die tausend Lebenshiebe,
Die unserm Fleisch vererbt sind: 's ist eine Erfüllung
Inbrünstig beizuwünschen. Sterben, schlafen,

Schlafen, womöglich träumen – ja, da hakt's:
Denn in dem Schlaf des Tods, welch Träume kommen
 mögen,
Wenn man des Weltgeknäuls sich hat entfesselt,
Das gibt zu denken – *das* der Gesichtspunkt,
Der 's Elend derart langen Lebens macht.
Denn wer ertrüg der Mitwelt Spott und Peitsche,
Des Unterdrückers Unrecht, Hohn vom Stolzen,
Verschmähter Liebe Qual, Verzug des Rechts,
Die Dreistigkeit der Ämter, und die Tritte,
Die der Verdiente stumm vom Nichtsnutz hinnimmt,
Wenn er sich selbst quittiern könnt in den Ruhstand
Bloß mit 'nem dummen Dolch? Wer trüg sein Bündel,
Auf daß er grunzt und schwitzt im Lebensjoch,
Wär's nicht, daß Furcht vor etwas nach dem Tod,
Das unentdeckte Land, aus dessen Gauen
Kein Wandrer wiederkehrt, den Willen lähmt,
Und uns die Übel, die wir haben, lieber tragen
Läßt, eh wir hin zu unbekannten fliehn?
So macht Bewußtsein Memmen aus uns allen,
So wird die angeborne Farbe der Entschlußkraft
Siech überkränkelt von Gedankens Blässe,
Und Unterfangen großen Wurfs und Werts
Kehrn dieses Grunds halb ihre Schwungkraft seitwärts und
Verlieren so den Namen ›Tat‹.«

Der Text hat Anlaß zu unzähligen Interpretationen gegeben, die sich zum Teil radikal widersprechen. Die Spannweite reicht von »Hamlet möchte zweifellos Selbstmord begehen« bis zu »Hamlet möchte zweifellos *keinen* Selbstmord begehen«. Für die einen ist der ganze »Hamlet« in diesem Monolog enthalten, für andere ist der Text ein Fremdkörper im Stück, eine Einlage – Argumente gibt es für alles. Wolfgang Clemen hat das Problem so beschrieben: »Angesichts eines Textes, dem der logische Gedankenzusammenhang und die entsprechenden syntaktischen Verknüpfungen zu fehlen scheinen, hat die Mehrzahl der zahlreichen Erklärer versucht, die fehlenden logischen Verbindungen, die nicht deutlich ersichtlichen Sinnbezüge zu ergänzen, das bloß Angedeutete zu präzisieren.« Und so wird der »Sinn« dieses Monologs aller Monologe von jedem Leser immer wieder neu gestiftet.

Polemisch überspitzt könnte man sagen: Niemand weiß wirklich, um was es im berühmtesten Monolog der Weltliteratur eigentlich geht. Es gibt keine absolut gültige, objektive Wahrheit über seine Bedeutung und seine Aussage, nicht einmal über seine simple semantische Struktur, sondern nur Lesarten, die dem Betrachter – je nach eigenem Standpunkt – mehr oder weniger plausibel erscheinen mögen.

Schon die erste Zeile ist unklar: *To be or not to be* – »sein oder nicht sein«. Welche Frage stellt Hamlet hier eigentlich? Ob er sich umbringen soll? Oder ob das Leben ganz allgemein lebenswert ist angesichts seiner elenden Bedingungen? Redet Hamlet eigentlich von sich persönlich oder von der Menschheit als solcher? Oder vielleicht gar von Claudius' Leben? Oder ist die Frage gleichbedeutend mit »handeln oder nicht handeln«?

Jede Äußerung über den Text stellt bereits eine Interpretation dar – also auch die hier folgende: In Ton und Stimmung unterscheidet sich dieser Monolog völlig von Hamlets vorherigen. Während bisher emotional gewütet wurde, hat *To be or not to be* eher den kühlen Sprachduktus einer rationalen juristischen Beweisführung. Der Monolog ähnelt in seiner Struktur einer klassischen Disputation mit These und Antithese, wie sie als akademische Übung an Universitäten und Gerichtshöfen von Studenten öffentlich vorgetragen werden mußte, etwa: »Ist das Leben angesichts seiner Widrigkeiten lebenswert? Nehmen Sie Stellung.« Und der Student beginnt mit einer rhetorischen Zuspitzung der Themenstellung: »Sein oder nicht sein, gelehrtes Publikum – das ist im Kern die hier zur Diskussion gestellte Frage ... Ich möchte sie umschreiben und zugleich präzisieren: Ist es ethisch ›edler‹, ist es im Geiste der *humanitas* eines Menschen würdiger, die Unbilden der Welt nach der Lehre der Stoa passiv ›stoisch‹ zu erdulden und dadurch zu überleben – oder ist es würdiger und ›edler‹, mit der Waffe in der Hand gegen die Weltübel anzukämpfen und, wissend um ihre unbezwingliche Übermacht, heroisch im nichtgewinnbaren Kampf zu sterben? Das sind die Alternativen, die sich aus der gestellten Frage ableiten.

Tot zu sein erscheint sehr verlockend, wenn man die tausend Hiebe des Lebens bedenkt, denn der Tod verspricht Ruhe und Schlaf und vielleicht sogar Träume ..., aber genau das ist der Haken an dieser an sich wünschenswerten Todesvorstellung: Wir wissen ja nicht genau, was *danach* kommt! Denn wer würde schon das quälende Lebenselend, die ganzen Widerwärtigkeiten des Daseins auf sich nehmen, wenn er so einfach durch Selbstmord Ruhe und Frieden finden könnte? Eine rhetorische Frage, die Antwort ist klar: natürlich niemand! Das Leben ist einfach zu friedlos und übel – aber Tod im Selbstmord ist ja nun eben *kein* praktikabler Ausweg, denn das Problem ist, wie gesagt, die Furcht vor dem, was *nach* dem Tod kommt! –, und deswegen entscheiden wir die Frage nach Sein oder nicht sein, nach passivem Dulden oder kämpferischem Sterben, für das *Sein* und damit für das stoische *Dulden*. Das heißt, wir selbst *entscheiden* im Grunde gar nichts, wir haben nicht wirklich die Wahl: Unser Bewußtsein, das uns das Wissen um den Tod und die Angst vor dem Tod und dem Danach beschert, erlegt uns einfach ein Weiterleben auf, nicht heroisch ›edel‹, sondern als jämmerliche Memmen. Zu leben ist nicht ›edel‹, sondern ein Akt der Feigheit. – Soweit meine These.«

(Und wem dieses Modell zu rationalistisch und emotional zu unterkühlt scheint: Warum kann Hamlet, der proteische Verwandler, der sich in jeder Szene in neuen Rollen, in neuen »Ich«-Varianten ausprobiert, nicht in selbstironischem Sarkasmus das Denkspiel durchexerzieren: »Wie würde ich mein Problem wohl im Plenum der philosophischen Fakultät in Wittenberg darlegen?« – Es würde seiner nervösen Überwachheit keinen Abbruch tun).

So *könnte* es also gemeint sein – aber auch ganz anders. Denn wenn man die fehlenden Verknüpfungen zwischen den Sätzen durch andere Gelenke ersetzt als die hier gewählten und von einer anderen Prämisse ausgeht (zum Beispiel, daß Hamlet mit Schaum vorm Mund und dem Dolch in der Faust kurz vorm Suizid steht), so ergibt sich ein ganz anderer Sinn und eine ganz andere Geschichte. Überspitzt formuliert: Jeder Leser wird zu einer Art kreativem Mit-Autor des labyrinthisch dunklen HAMLET, sofern er dem Text zwangsläufig einen eigenen Sinn »hinzuschreibt« im Bemühen, Shakespeare zu verstehen. Unausweichlich wird man bei HAMLET auf Grundprobleme allen Interpretierens gestoßen: So grübelnd, wie Hamlet sein Inneres durchforstet, ist er auch ein Spiegel des Interpreten, der die Prämissen seiner eigenen HAMLET-Deutungen überprüfen muß.

Wie immer man den Text aber auch interpretieren mag, eins wird sichtbar: Hamlets Denken entfernt sich immer weiter vom ursprünglichen Rache-Auftrag und umgreift immer grundsätzlichere Thematiken, das »Leben als solches« betreffend. Erstmalig wird hier das Phänomen des menschlichen »Bewußtseins« zum Thema von Hamlets Reflexion: Das Denken denkt über sich selbst nach.

»Die Mausefalle«

»Der Natur den Spiegel vorhalten, um dem Zeitalter seine Gestalt und Prägung zu zeigen« – das ist das A und O aller Schauspielerei. So erklärt jedenfalls Laienspieler Hamlet in seiner neuen Rolle als Theaterpädagoge den Profi-Schauspielern ihren Beruf.

Er selbst hatte bereits in den Spiegel »rauher Pyrrhus« gesehen, den der Schauspieler ihm hingehalten hatte. Nun will er Claudius den Spiegel vorhalten in Form eines Theaterstücks namens »Die Ermordung des Gonzago«, das ähnliche Vorgänge wie die am dänischen Hof erzählt. Damit hofft er, durch die Illusion des Theaters die illusionäre Maske eines Menschen aufzubrechen, der »lächeln kann und lächeln, und ein Schuft doch ist«. Mit Theaterspiel will er die Theaterspielerei besiegen, mit der Aufführung des fiktiven Stückes die tatsächliche Schuld eines Mörders ans Licht zerren. So kommt es zu einer der komplexesten und berühmtesten Szenen der dramatischen Weltliteratur. Um sie zu verstehen, müssen wir sie hier ein bißchen inszenieren, denn was geschieht, geschieht nicht nur in den Worten:

Wieder eine Nachtszene: König Claudius, Königin Gertrud, Staatsrat Polonius, Ophelia und der gesamte Hofstaat Dänemarks versammeln sich im schummrigen

Fackellicht zur abendlichen Unterhaltung. »Sie kommen für das Stück. Muß irre tun«, sagt Hamlet seinem Vertrauten Horatio. Hamlet, der irre Prinz, »der von allen Beobachtern Beobachtete« (*th' observed of all observers*), wie Ophelia ihn genannt hatte, ist sofort das Zentrum der allgemeinen Beobachtung:

»CLAUDIUS: Nun, wie ist heut unser Neffe Hamlet?
HAMLET: Wie ich heut esse? ... wie 's liebeshungrige Chamäleon, wenn's an der Liebe fehlt, schlemm ich an Luft, bin geradezu genudelt mit versprochenen Windeiern. Kapaune kann man nicht besser mästen.«

Mit solchen provokant doppeldeutigen Sottisen spielt Hamlet wieder die Rolle des irre witzelnden Clowns. Er weigert sich, bei seiner Mutter zu sitzen, erklärt Ophelia als anziehender, legt sich mit obszönen Sprüchen an beziehungsweise »in« ihren Schoß und desavouiert die Ärmste damit in aller Öffentlichkeit brutal. Von dort aus kann er Claudius besser beobachten. Gertrud beobachtet Hamlet. Alle nehmen Platz.

Es ist eine Versuchsanordnung wie für ein Psycho-Experiment mit ungewissem Ausgang. Falscher Text wurde in das Stück eingefügt, um eine Reaktion auszulösen. Eventuell wird es ein Geheimnis enthüllen, eventuell aber auch nicht. Es ist deshalb nötig, den gesamten Vorgang genau zu beobachten. Vor Beginn der Theateraufführung hatte Hamlet seinen Vertrauten Horatio gebeten: »Beobachte Claudius gut.« Horatio beobachtet also Claudius genau. Hamlet beobachtet Claudius ebenfalls. Claudius wird das Drama »Die Ermordung des Gonzago« beobachten. Er beobachtet aber insbesondere Hamlet, denn Claudius weiß nicht recht, was er von all dem halten soll. Hamlet wird aber auch von Polonius beobachtet: Daß er sich mit obszönen Witzen »in Ophelias Schoß« legt, gilt Polonius als Beweis seiner »Liebeskummer«-Theorie. Ophelia wird von allen beobachtet in ihrer Rolle als Lockvogel für Hamlet. Ophelia, die beobachten muß, daß alle sie beobachten, ist dies spürbar peinlich. Alle beobachten alle. Jeder auf der Bühne ist beobachtender Zuschauer aller anderen; und er ist gleichzeitig beobachteter Schauspieler, der für alle anderen eine Rolle spielen muß. Aber wer sieht was?

Auf der Theaterbühne auf der Bühne wird eine kurze groteske Pantomime gezeigt, eine Zeitraffer-Fassung des eigentlichen Stückes: Theater-König und Königin treten auf, umarmen und küssen sich; König legt sich zur Ruhe, Königin geht ab; Mörder tritt auf, gießt König Gift ins Ohr und geht ab; Königin tritt auf, findet König tot und ringt die Hände; Mörder kommt zurück, tut so, als würde er auch trauern; zieht dann Geschenke heraus und umwirbt Königin; Königin weist ihn erst ab, dann erhört sie ihn. Ende der Pantomime.

Claudius beobachtet Hamlet und Ophelia. Hamlet beobachtet Claudius. Ophelia versteht die Pantomime nicht und fragt, was das bedeuten soll. Hamlet macht obszöne Witze.

Das eigentliche Stück beginnt, ein Drama in gereimten Blankversen: Ein alter König und seine Königin treten auf. Der König spricht von seinem nahen Ende und daß die Königin einen zweiten Gatten nehmen wird. Die Königin weist dies empört von sich. Der milde alte König erinnert sie daran, daß die Natur des Menschen auch die besten Vorsätze unterläuft und daß auch die feste Absicht gegen das unberechenbare Schicksal machtlos ist; daß ein Mensch nicht Herr dessen ist, was aus seinen Absichten erwächst. Trotzdem schwört die Königin emphatisch, keinen zweiten Mann mehr zu nehmen. Der Theater-König legt sich zur Ruhe.

Hamlet ruft provokant mitten in die Aufführung hinein: »Wie gefällt Ihnen das Stück, Mutter?« Königin Gertrud muß gequält antworten: »Die Dame beteuert zu viel, mein ich.« König Claudius wird mißtrauisch, fragt Hamlet, ob im Stück nichts Ungehöriges vorkäme. Hamlet weist es weit von sich: Es würde in Wien spielen, hätte mit nichts etwas zu tun, hieße »Die Mausefalle«, wer reinen Herzens sei, den würde es nicht betreffen. Hamlet kündigt den nächsten Auftritt an: Jetzt käme »Lucianus, der Neffe des Königs«.

Neffe Lucianus schleicht auf die Theaterbühne, eine Giftflasche in der Hand, beschwört den Saft, auch ja gut zu morden, und gießt ihn ins Ohr des schlafenden Königs.

Alle sehen Hamlet an! Dieses Schauspiel ist eine gezielte Provokation! Der »Neffe« gießt Gift ins Ohr des »Königs«! Es handelt sich um eine skandalöse Drohung des Neffen Hamlet gegen seinen Onkel Claudius, gegen den dänischen König! Hamlet sieht Claudius an! Provokation, Rebellion, Umsturz! Claudius sieht Hamlet an, springt auf, ruft nach Licht. Polonius brüllt: »Schluß mit dem Stück! Licht! Licht! Licht!« Der König rennt davon, alle folgen ihm. Tumult. Aufruhr. Durcheinander. Hamlet und Horatio bleiben allein.

Was ist eigentlich der Inhalt der Szene? Das Stück »Die Ermordung des Gonzago« oder »Die Mausefalle« ist es nicht allein: Das ist nur ein Teil der Szene, die wir beobachten. Wir Zuschauer im Theatersaal beobachten zusätzlich auf der Bühne Bühnenzuschauer in einem Bühnensaal, die ebenfalls das Stück »Die Mausefalle« beobachten. Damit beobachten wir wesentlich mehr als die Bühnenzuschauer. Wir betrachten das Gesamtgeschehen und stellen fest, daß die Bühnen-Zuschauer sich gegenseitig beobachten und *alle dabei ganz unterschiedliche Dinge sehen*. Der Hofstaat sieht zum Beispiel im Stück »Die Mausefalle« einen Neffen »Lucianus«, der seinen Onkel vergiftet. Der Hofstaat deutet – von Hamlets provokanten Patzigkeiten im wirklichen Leben ausgehend – die Szene so, daß der frustrierte, wahnsinnige Thronerbe Hamlet seinem Onkel Claudius mit Gewaltakten droht. Der Hofstaat weiß ja nichts von der Offenbarung des Geistes.

Claudius sieht genau dasselbe Stück »Die Mausefalle«; aber da er seinen König und Bruder mit Gift ermordet hat, sieht *er* auf der Theaterbühne einen Giftmörder »Lucianus«, der einen König vergiftet. Damit sieht er sich auf der Bühne selbst dargestellt: Er blickt in das Schauspiel wie in einen Spiegel. Er erkennt sich in diesem Spiegel, den ihm Hamlet hinhält. Claudius sieht, wer den Spiegel hält, und flüchtet. Aber das haben nur Claudius, Hamlet und Horatio so gesehen. Für Hamlet wird dies zu einem eindeutigen Beweis von Claudius' Schuld. Der Hofstaat aber sieht, wie beschrieben, etwas ganz anderes und deutet Claudius' Flucht als berechtigte Empörung des rechtmäßigen dänischen Königs …

»Lucianus« und sein Giftmord auf der Theaterbühne sind ein objektiver Fakt – aber der Hofstaat und Claudius sehen in unterschiedlicher Optik zwei völlig verschiedene Dinge. Wir erkennen, daß die Wirklichkeit am dänischen Hof von allen Beteiligten des Stückes HAMLET nur jeweils *partikular* wahrgenommen wird; jeder sieht nur einen Ausschnitt des Ganzen je nach seiner eigenen Sichtweise – und diese Sichtweise ergibt einen unter Umständen völlig irrigen und illusionären Eindruck von dem, was wirklich ist. Der Hofstaat irrt sich total, hält aber diesen Irrtum für wahr und handelt danach!

Dies beobachten wir Zuschauer im Theatersaal, die wir die *Gesamtheit* der Wirklichkeit am dänischen Hof wahrnehmen. Und aus diesem Blickwinkel scheint Shakespeares Szene uns etwas Grundsätzlicheres zu erzählen als nur die »Rache-Intrige«:

Ein objektives Ding in der Welt ist nicht aus sich selbst heraus verstehbar, es ist nicht »selbst-verständlich«, die Fakten ändern ihr Aussehen und ihren Sinn nach der Perspektive, mit der der jeweilige Beobachter sie beobachtet.

Und vielleicht fällt uns auf, daß wir als Zuschauer im Zuschauerraum uns ja eigentlich auch in den Zuschauern auf der Bühne wie in einem Spiegel sehen und daß der Nachbar auf dem Nebensitz nicht unbedingt dasselbe sieht wie man selber. Und wenn man dies so weiterdenkt, gerät der Betrachter durch Shakespeares HAMLET in einen unendlichen Strudel. Die Wirklichkeit erscheint nurmehr als Spiegelkabinett von Illusionen und verschwimmenden Bildern. Wo ist der archimedische Punkt, von dem aus man die Illusionen der Welt von Helsingör dingfest machen kann? Ganz einfach: Der Zuschauer kann es aus seiner zentralen Gesamtperspektive. Aber der Zuschauerraum ist – von außen betrachtet – ja auch nur eine Ansammlung relativer Einzelperspektiven – wo und wer ist der Zuschauer, der *uns* wiederum aus der Zentralperspektive beobachtet? (Die christliche elizabethanische Welt hatte darauf natürlich eine klare Antwort.)

Die Entdeckung des perspektivischen Sehens war eine schwindelerregend neue Erfahrung der Renaissance. Die Welt wurde zu einem relativistischen Rätsel. Hamlet taumelt in ihren Vexierbildern herum und versucht sich ihrer Substanz und seiner eigenen Identität zu vergewissern: Was ist die Wahrheit hinter dem Tanz der schemenhaften Erscheinungen?

»Heiß könnt ich Blut jetzt trinken«

Hamlet triumphiert, singt, tanzt und lacht. Nun hat er die Wahrheit, nun hat er den Beweis, daß Claudius der Mörder seines Vaters ist. Der Geist war keine Halluzination – Claudius' Reaktion war für ihn eindeutig, und auch Horatio hat es bestätigt. Nun gibt es keinerlei Gründe mehr, wegen mangelnder Beweise die Rächertat aufzuschieben. Also zur Tat ...

Rosenkranz und Güldenstern treten nun ohne die Maske alter Jugendfreundschaft auf, stellen Hamlet in rüden Worten wegen seines skandalösen öffentlichen Betragens zur Rede und fordern ihn auf, ins Zimmer seiner Mutter zu kommen. Hamlet hat Oberwasser: Er witzelt, blödelt, kalauert und albert so wahnwitzig wie noch nie. Polonius kommt, ruft Hamlet ebenfalls zu seiner Mutter und erfährt die gleiche clowneske Behandlung. »Die fordern mich beim Narr-Spielen bis zum Brechpunkt«, murmelt Hamlet zynisch in einem Apart. Er verspricht, zu Gertrud zu kommen, bleibt endlich allein zurück und hält einen dampfenden Rächer-Monolog:

»Jetzt, jetzt ist Hexensabbathzeit der Nacht,
Wenn Gräber gähnend klaffen und Höllnbrodem
Pest ausdampft in die Welt. Heiß könnt ich Blut jetzt
trinken,
Und Taten tun so bitter, daß der Tag
Beim Hinschaun zittern würd.«

Hamlet spricht einen Text, als hätte er gerade Thomas Kyds schaurige SPANISH TRAGEDY im Theater gesehen. Euphorisiert von seiner eigenen gelungenen »Mausefalle«-Aufführung, spielt Hamlet vor sich selbst die Rolle des satanischen Schlächters. So, wie er schäumt, möchte er offenbar die Gemeinheit des Claudius noch überbieten. Andernorts bricht derweil hektische Aktivität aus; es werden massiv Gegenstrategien gegen Hamlets nunmehr öffentlich staatsgefährdendes Treiben ergriffen: Claudius gibt Rosenkranz und Güldenstern den Auftrag, umgehend als Begleiter (beziehungsweise Irrenwärter) mit Hamlet nach England abzureisen. Ein Tobsüchtiger in nächster Umgebung stelle für ein Staatsoberhaupt eine nicht duldbare Bedrohung dar – was Rosenkranz und Güldenstern dienstbeflissen auch vollkommen einsehen.

Polonius, eigeninitiativ in vorauseilendem Gehorsam, informiert Claudius über eine weitere Observierungsmaßnahme: Hamlet ginge soeben ins Zimmer seiner Mutter. Er, Polonius, wolle sich als unparteiischer Nicht-Verwandter hinter einem Vorhang verbergen und das Mutter-Sohn-Gespräch ausspähen. Er würde Claudius noch vor Schlafenszeit Bericht von der Lauschaktion erstatten. Polonius eilt geschäftig davon, König Claudius bleibt allein und spricht einen Monolog.

Erstmalig erhalten wir Einblick ins Innere einer anderen Bühnenfigur – und erstmals hören wir von Claudius selbst expressis verbis ein Eingeständnis seiner Bluttat. Claudius betet – das heißt, er *versucht* zu beten:

»O mein Vergehn ist faul, es stinkt zum Himmel;
Es trägt den ersten, ältsten Menschheitsfluch –
Den Mord am Bruder. Beten kann ich nicht,
Ob auch die Sehnsucht heiß glüht wie der Wille [...]
Nun welche Form des Betens kann von Nutz
Sein hier? ›Vergib mir meinen faulen Mord?‹
Das kann nicht sein, denn noch besitz ich ja
Die Dinge all, um die ich mordete –
Meine Krone, meine Herrschlust, meine Königin.

Kann man Gnad finden und den Sündenlohn behalten? ...
Versuch, was Reue kann. Was kann sie nicht?
Doch was kann sie, wenn man nun nicht bereun kann?«

Es ist ein anrührender Blick in die Seele eines Verbrechers, der christlich-gläubig weiß, daß er sich mit seiner Tat unwiderruflich außerhalb der göttlichen Gnade gestellt hat. Es ist ein qualvolles inneres Ringen, das Zwiegespräch eines Täters mit sich selbst, der heißglühende Sehnsucht nach Erlösung von seiner Schuld verspürt und verzweifelt mit dem Akt des Betens ringt – aber zu seiner eigenen Konsternation feststellen muß, daß er keinerlei Reue über seine Tat empfindet. Ein komplexes Thema, nicht weiter entwickelt, von Shakespeare nur kurz angerissen.

Hamlet, der Rächer, tritt auf. Nie waren sie sich so nah. Es ist so, wie Lucianus, der mordende Neffe im Stück, es gesagt hatte: »Plan schwarz, Hand willens, Zeit gelegen« – jetzt ist es soweit, jetzt handelt Hamlet:

»Jetzt könnt ich's tun, wie nichts; jetzt betet er,
Und tu's auch jetzt (*zieht sein Schwert*).«

Ein theatralisches Tableau: Der kniend im Gebet versunkene Mörder Claudius, hinter ihm Hamlet, das Schwert mit erhobenem Arm, bereit zum Hieb – es ist wie das Bild des im Ausholen erstarrten »rauhen Pyrrhus« in der Rede des Schauspielers, kurz vor dem Gemetzel, und jetzt ... – aber nein, Hamlet handelt nicht. Hamlet erstarrt physisch im Moment des Handelns. Er beginnt im Moment der Tat zu denken:

»Und so geht er zum Himmel;
Und so bin ich gerächt. Das möcht bedacht sein:
Ein Dreckskerl mordet meinen Vater, und für das

Send ich, sein einzger Sohn, besagten Dreckskerl
Zum Himmel.
Wie, das wär Lohn und Sold und keine Rache.«

Ein komplizierter religiöser Gedanke hemmt seine Rächerhand: Claudius betet; damit ist er im Stand der Gnade; und in diesem Zustand zu sterben bedeutet nach damaliger christlicher Lehre unverzügliche Heimkehr seiner Seele ins Paradies. Und das wäre ja geradezu eine Belohnung!

»Nein!
Weg, Schwert, und schlimmern Zeitpunkt such dir aus:
Wenn er im Suff ist, schläft, oder beim Toben,
Oder bei blutschändrischen Freuden seines Betts,
Beim Glücksspiel fluchend, oder sonst 'ner Tat,
Die keine Heilsversprechung in sich trägt,
Dann stich ihn ab, daß himmelwärts die Hacken zucken.«

Dem gottesfürchtigen elizabethanischen Zuschauer müssen kalte Schauer über den Rücken gelaufen sein – auch wenn wir dies nur schwer nachvollziehen können: Hamlet geriert sich nämlich nach elizabethanischem Verständnis als entmenschtes Ungeheuer. Sein Rachedurst möchte das Schlimmste begehen, was man nach dem religiösen Dogma seinerzeit einem Menschen antun konnte: Hamlet will einen »Seelenmord« verüben.

Die Seele dessen, der im Akt des Sündigens und im Stand der Sünde starb, kam nach damals geltender Auffassung *unrettbar* in die Hölle, auf alle Ewigkeit ohne Hoffnung auf Erlösung durch das göttliche Heil. Grauenhafteres war nicht vorstellbar: Einen physischen Leib aus dem irdischen Jammertal zu entfernen galt seinerzeit als nichts Besonderes; eine *Seele* aber zu töten, das war unmenschlich. Noch im späten 18. Jahrhundert galt Hamlets Äußerung und Plan als »zu grauenhaft, als daß man ihn lesen oder aussprechen dürfte« (Dr. Samuel Johnson).

Es ist also beileibe nicht so, daß Hamlet von ethischen Skrupeln geplagt ist. Er verschwendet keinen Gedanken an die moralische Legitimation eines Rachemords, ihn hindert nicht der nagende Gewissenswurm an der Tat, im Gegenteil, er *verschärft* den Racheplan sogar: Das einfache physische Töten erscheint ihm untauglich, er phantasiert geil und lustvoll obendrein den verabscheuenswerten Mord an der Seele des Claudius herbei. Nie klang Hamlets Racheabsicht wilder.

Und nie klang sie falscher. Als Zuschauer wird man allmählich mißtrauisch. Unbestreitbar ist Hamlets Argument logisch und vernünftig. Es wäre natürlich grotesk, wenn der Racheakt in letzter metaphysischer Konsequenz noch gar zum Vorteil des Mörders ausfiele – aber das praktische Ergebnis solcher Vernünftelei ist nur, daß die Rache wieder einmal vertagt wird. Hamlet handelt nicht, Hamlet denkt nur. Und der Betrachter, der bisher Hamlets verschlungenen intellektuellen Wahrheitserforschungen mit Sympathie gefolgt ist, könnte auf eine ketzerische Idee kommen: Lügt Hamlet sich vielleicht in die eigene Tasche? *Will* er die Tat vielleicht gar nicht tun? *Kann* er sie vielleicht gar nicht tun? Aber wenn doch – was sind seine wahren Motive für sein Zögern? Davon erzählt Hamlet, der sonst so Wortgewandte, uns nichts.

Die Konvention des Monologs besagt, daß er wahrer, unverstellter Ausdruck des Inneren einer Figur ist: Hamlet hat im Monolog keine Zuhörer, denen er etwas vormachen könnte – außer sich selbst. Und so scheint es mehr und mehr, als würde Hamlet, der Laienspieler, auf der Bühne seines eigenen Bewußtseins, in seinem privaten *globe* (= erstens »Kopf«; zweitens »Globus, Welt«; drittens »Shakespeares Theatergebäude«) ein Stück nur für sich selbst inszenieren, mit sich selbst als Hauptdarsteller und zugleich als einzigem Zuschauer. Es heißt: »Hamlet, der Rächer« und hat immer weniger zu tun mit der konkreten Wirklichkeit am Hof von Helsingör. Hamlet versteckt sich vor der verlangten Tat hinter tiefgrundigem Denken. Warum? Was hemmt ihn an der Ausführung der Tat?

Szenenwechsel: Die folgende Szene beginnt wie eine kommentierende Spiegelung des gescheiterten Mordes an Claudius.

Königin Gertrud empfängt im Schlafzimmer Polonius. Dieser bezieht Observierungsposten hinter einem Vorhang. Hamlet kommt herein und geht seine Mutter wild und bedrohlich an. Gertrud will fort, Unterstützung holen. Sohn Hamlet schleudert sie so wahnwitzig gewaltsam in einen Sessel, daß Gertrud um ihr Leben fürchtet. Sie schreit um Hilfe, Polonius hinter seinem Vorhang brüllt ebenfalls um Hilfe.

HAMLET: »Wie? was? 'ne Ratte! Tot ... !«

Hamlet, überrascht, zieht den Degen, sticht blind durch den Vorhang und tötet Polonius. Die spontane Tat gelang ganz einfach, ohne jede Hemmung, ohne Zaudern und Zögern. Es war Aktion und schnelle Reaktion, Reiz und Reflex. Ein automatischer Ablauf, wie Attacke, Parade, Gegen-Attacke im Fechttraining – keine lähmende Pause zwischen Anlaß und Reflex. Wer im Duell zu lange nachdenkt, stirbt.

Das Denken fiel Hamlet in jener Situation in den Arm, als er hinter Claudius stand: »Das will bedacht sein.« – Die

Reflexion lähmte den spontanen Impuls, und Hamlet erstarrte zu einem »Neutrum zwischen Woll'n und Ziel«. Nun der Schreck, daß hinter dem Vorhang jemand versteckt ist, läßt kein Denken aufkommen, und Hamlet handelt blitzschnell, zielstrebig und brutal; und so wird er plötzlich zum Mörder. Das Denken kommt in diesem Fall erst hinterher: »Ich hielt dich für wen Höheren«, sagt Hamlet zu Polonius' Leiche und tut damit so, als hätte er Claudius hinterm Vorhang vermutet. Wir wissen aber, daß Hamlet genau weiß, daß Claudius derzeit ganz woanders betet – Hamlet hat ihn ja gerade auf dem Weg zu seiner Mutter verlassen. So betrachten wir diesen nachträglichen Akt hamletischer Reflexion mit Mißtrauen: Wo

Handeln und Denken

Das komplizierte Verhältnis von Reflexion und Spontaneität, von analysierendem Denken und spontanem Handeln in der Welt, das hier in sich spiegelnden Szenen ausgebreitet wird, wurde immer wieder zum zentralen Thema des HAMLET ernannt: Es geht demnach um die Tragödie des Intellektuellen, der durch übermäßige Reflexion unfähig wird zur praktischen Tat. Warum handelt Hamlet nicht? Die klassische Frage der Interpreten wird vom Stück nicht beantwortet; es ist die Frage, die Hamlet sich selbst stellt und auf die er nie eine Antwort findet. So wurde die Literatur, die sie auf diese oder jene Weise zu beantworten versucht, uferlos.
So gesehen, ließe sich HAMLET im Grunde auch auf einen einzigen lebensweisen Satz bringen, den der zögerliche, ewig entschlußlose Montaigne in seinen Essays verfaßt hat: »Wer alle Umstände bis ins tiefste prüft und alle Folgen bis ins letzte durchdenkt, verhindert seinen eigenen Entschluß.« Vielleicht – wer weiß es? – war er tatsächlich auch für Shakespeare der Leitgedanke, als er seinen HAMLET schrieb.

Ratio in Rationalisierung umschlägt, wird Vernunft zu Lüge und Betrug, bewußt oder unbewußt.

In einen Irrgarten aus Schein und Illusionen, in eine Welt aus täuschendem Maskenspiel und Theater hatte der Zuschauer Hamlet begleitet. Nichts Gewisses war dingfest zu machen. Das einzig Verläßliche, woran man sich halten und womit man sich identifizieren konnte, schien Hamlets Reflexion zu sein, die mit der Frage nach der Wahrheit hinter dem Gaukelspiel der Erscheinungen den Kern der Dinge zu erkennen suchte. Hamlets »Ich denke, also bin ich ich« – in dieser Haltung konnte der reflektierende Betrachter sich halbwegs verläßlich wiederfinden.

Allmählich aber erscheinen Hamlets Denkakte als Mittel der Selbstvergewisserung selber fragwürdig. Die Vernunft als Werkzeug der Entlarvung falschen Scheins wirkt plötzlich selbst scheinhaft. Und so kommt nun beim verunsicherten Beobachter der Verdacht auf, daß auch die erkennende Vernunft selbst nur ein Akteur unter vielen im großen Illusionstheater der Welt ist.

»Mein Gott, er ist verrückt«

Eine Tat ist getan. Aber der Mord an Polonius war ein dummer Zufall. Es liegt der Falsche tot am Boden. Hamlet hat nun einen Menschen umgebracht, es scheint ihm jedoch nichts auszumachen: »Du armer, naseweiser Narr, leb wohl.« Hamlet wird uns zusehends fremder und fragwürdiger.

Wir beobachten nun seine große direkte Auseinandersetzung mit seiner Mutter. Hamlet hatte sich zuvor folgendermaßen darauf eingestimmt:

»O Herz, bewahr dir die Natur. Laß niemals
Für Neros Seele Raum in dieser Brust;
Grausam sein laß mich, unnatürlich nicht.
Will Dolche zu ihr reden, doch nicht zücken.
Mein Mund, die Seele solln hier Heuchler sein:
Wie hart mein Mund sie geißelt auch hinfort,
Nie duld mein Herz das Siegel ›Tat‹ zum Wort.«

Hamlet muß sich offenbar an sein natürliches Sohn-Mutter-Verhältnis erinnern, um den Gedanken an einen Muttermord à la Nero in die Schranken zu weisen: Schon der Geist hatte ihm verboten, etwas gegen seine Mutter zu planen. Er solle sie und ihre Schuld dem Himmel überlassen. Es wird nie wirklich klar werden, ob Gertrud vom Mord an ihrem ersten Mann etwas wußte, ihre Antworten auf Hamlets Fangfragen eher deuten darauf hin, daß sie ahnungslos ist.

Dieses Problem geht aber unter in der emotionalen »Schau«, die Hamlet nun aufführt: Hamlet spielt wieder – wie oben angekündigt – wildes Theater. In der Rolle des donnernden Sittenwächters zückt er sprachliche Dolche, um Gertruds Verbrechen an ihrem ersten Mann aufzuspießen: Dieses besteht offenbar vor allem darin, daß sie nach dem gottgleichen alten Hamlet mit dem lüsternen, geilen Bock Claudius ins Bett gegangen ist. Hamlets pathetisch schäumende Anklage überschlägt sich dermaßen, daß sie – zumindest für einen heutigen Betrachter – pathologische Züge annimmt: Sie ist eine einzige Orgie aus Frauenfeindlichkeit und geradezu pervers anmutendem Sexualekel.

Scham und nonnenhafte Keuschheit sind die Tugenden, die der Sohn mit heiligem Furor von der Mutter fordert, hurengleiche Bettgier und widerliche Geilheit sind angeblich ihre Laster, mit denen er auf sie eindrischt in überkochenden Sprachbildern, die eindeutig aus sexuellen Phantasievorstellungen erwachsen sind. Der tote Vater wird zum Gott, die Mutter zur Hure, der Stiefvater zum bespringenden Schwein. Je länger der Moralprediger Hamlet, der ja immerhin gerade einen Menschen umgebracht hat, sich über diese Themen austobt, um so sympathischer könnten dem Betrachter die Mutter und der Stiefvater werden.

Aber wieder ist die Szene trügerisch: Was ist echt, was ist gespielt? Hamlet hatte ja angekündigt: »Mein Mund, die Seele solln hier Heuchler sein.« So spielt er also wieder einmal den Moralapostel zum guten Zweck, Gertrud zur moralischen Umkehr zu bewegen. Aber wie ein kulissenreißender Dampftheater-Schauspieler sich vom Spiel so fortreißen läßt, daß er in einer getürkten Prügelszene echt zuschlägt, so scheint Hamlet von seinem eigenen Vortrag in rauschhafte Raserei fortgerissen zu werden – und plötzlich tritt der Geist auf.

Hamlet sieht ihn, die Zuschauer sehen ihn, Gertrud sieht ihn nicht. Hamlet fragt den Geist stammelnd, ob er aus dem Jenseits komme, um ihn zu beschimpfen, weil ihm »Zeit und Leidenschaft entgleitet«. Der Geist antwortet, er käme, ihm den »fast stumpfen Vorsatz scharfzuschärfen«, ermahnt Hamlet, sich um seine gequälte Mutter zu kümmern, und geht ab.

Die Geistererscheinung als psychotische »Ausgeburt seines Hirns« zu deuten, wie Gertrud es tut, liegt nahe: Sie erscheint als Ausfluß von Hamlets sich tobend steigernder Suada, als halluzinatorische Fortsetzung eines ins Hysterische überkippenden Ausbruchs. »Mein Gott, er ist verrückt«, diagnostiziert Gertrud, und der Betrachter ist nunmehr geneigt, ihr endgültig recht zu geben und Hamlet als Borderline-Patienten zu betrachten.

Aber Vorsicht! In ihrer theatralischen Präsentation wird die Szene nämlich zu einem bewußt komponierten Vexierbild. Drei Gestalten stehen auf der Bühne: Gertrud, Hamlet und der Geist. Gertrud sieht nur Hamlet. Hamlet sieht Gertrud *und* den Geist. Hamlet spricht mit dem Geist. Gertrud sieht, wie Hamlet »mit körperloser Luft Gespräche« führt, »die Augen auf die Leere« bannt und ihm die Haare sich sträuben – ein Verrückter, ihr Sohn ist krank.

Das würden auch wir ihr als Zuschauer unbedingt glauben, wenn wir nicht sehen würden, daß sie etwas *nicht* sieht, nämlich den Geist, der sichtbar auf der Bühne steht. »Auf was denn schaust du?« fragt Gertrud immer wieder, und Hamlet wiederholt immer wieder: »Da schau doch.« Der Geist schaut zurück.

Der Text insistiert massiv auf dem Vorgang des gegenseitigen physischen Beobachtens, das wir als Zuschauer sehen – und damit erkennen wir *zwei* Wirklichkeiten, zwei Welten gleichzeitig auf der Bühne. Wenn Gertrud recht hat, daß da kein Geist ist, müssen wir das »sichre Zeugnis unsrer eigenen Augen« ablehnen, die uns einen Geist zeigen. Da wir den Geist aber deutlich sehen, muß Gertrud sich irren. Und so können wir nicht mehr entscheiden, welche Wirklichkeit in dieser vieldeutigen Szene wahr ist und welche falsch, und es ist damit unentscheidbar, ob Hamlet verrückt ist oder nicht.

Man kann die Gegenprobe machen, indem man sich die Szene *ohne* Auftritt des Geistes vorstellt: Dann bliebe für uns nur Gertruds Sicht auf einen mit der Luft redenden Hamlet übrig, der offenbar von Wahnvorstellungen heimgesucht wird – was wir dann wohl auch glauben würden. So sehen wir Hamlet als zwei getrennten Welten zugehörig.

Von optischen Tricks und Perspektiven

Das ausgehende 16. Jahrhundert war fasziniert von einem neuen Spielzeugtypus, der »perspective« genannt wurde. Es waren optische Trickgeräte, die mit geschliffenen Linsen, Gläsern und Spiegeln Bilder verdoppeln, vervielfachen oder grotesk verzerren konnten oder die als Vorfahren von Teleskopen Gegenstände verkleinerten oder absurd aufbliesen. Durch die Entdeckung der Zentralperspektive war in der Malerei eine illusionistische Abbildung der dreidimensionalen Welt auf der zweidimensionalen Leinwand möglich geworden – aber solche Abbildung legte auch den Blickwinkel des Betrachters fest: Es war nicht die »objektive« Welt, sondern die Welt gesehen aus dem »subjektiv« gewählten Blickwinkel des Künstlers; zugleich war deutlich geworden, daß es sehr viele »Standpunkte« gab, von denen aus man die Phänomene der Welt betrachten und darstellen konnte: eine neue, faszinierende und verunsichernde Einsicht der Renaissance.
Im beliebten elisabethanischen Spielzeug-Gimmick der optischen Verzerrgläser spiegelte sich der philosophische Umbruch in der Welt: Die ehemals als objektiv angesehenen Verhältnisse der hierarchisch geordneten mittelalterlichen Weltsicht wichen den neuen Prinzipien des »Relativismus« und des »Perspektivismus«. Die ständig gebrauchte Floskel »das sichre Zeugnis der eigenen Augen«, wie Horatio es beschwört, wurde geradezu zum Symbol für die tatsächlich erkannte Unsicherheit der Erscheinungen: Die Augen mögen sehen, was sie wollen, die Dinge können trotzdem ganz anders sein.
So war die Beschäftigung mit optischen Täuschungen, »trompe-l'oeuil-Effekten« und verwirrend gebrochenen Perspektiven in Spiegelkabinetten nicht nur auf die bildende Kunst beschränkt; auch in der Literatur und auf dem Theater wurde das verblüffende Spiel mit der Wahrnehmung zum Thema.

Nach dieser Szene geht die Handlungsinitiative zunehmend an Claudius über. Hamlet ist offenbar geisteskrank, seinen Mord an Polonius kann man öffentlich nicht mehr rechtfertigen. Es ist eine Frage der Staatsräson, Hamlet außer Landes zu schaffen. Die Regierung könnte durch Gerüchte oder durch Verleumdung in schwere Bedrängnis geraten. Claudius' Entschluß: Hamlet muß umgehend nach England reisen, begleitet von Rosenkranz und Güldenstern. Denen gibt Claudius einen Brief an den englischen König mit, in dem er von ihm die augenblickliche Ermordung Hamlets verlangt.

Hamlet, zwischen zwei Welten stehend und nunmehr mit Blut an den Händen, scheint sich immer mehr in einen mentalen Bereich zu entfernen, in den ihm der Betrachter nicht mehr so recht folgen kann oder will. Seine Tatenlosigkeit wird nun mittels zweier sehr tatkräftiger Figuren gespiegelt – zwei »Söhne«, deren Väter umgebracht wurden.

Der erste ist Fortinbras, jener norwegische Hitzkopf, dem ganz zu Anfang rächende Kriegsabsichten gegen Dänemark unterstellt wurden, weil sein Vater vom alten König Hamlet im Zweikampf erschlagen worden war. Schon sein Name – Fort-in-Bras, das heißt »stark im Arm« – signalisiert den Tatmenschen. Fortinbras zieht nunmehr mit einem Heer von zwanzigtausend Mann nach Polen, um dort eine völlig unbedeutende, wertlose Grenzmark zu erobern, die die Polen in ebensolcher Stärke verteidigen werden. Ein absurdes Gemetzel um nichts ist abzusehen, so erklärt es ein Hauptmann, als Hamlet auf der Reise nach England diesem Heer begegnet.

Sofort nimmt Hamlet die Kontrastfigur Fortinbras zum Anlaß weiterer philosophischer Reflexionen, die wie immer um sein Ego kreisen: Alles, was ihm begegne, stelle im Grunde eine Anklage wegen seines Zauderns und eine Aufforderung zur Rachetat dar – zum Beispiel dieser sanfte und zarte Prinz Fortinbras, der »von göttlicher Ruhmgier getragen« um einer Nußschale willen den Tod riskiert. Der sei ein wahrhaft großer Mensch, weil der »in einem Strohhalm Streitgrund findet, / Wenn Ehre auf dem Spiel steht«. Der dirigiere, ohne nach rechts und links zu blicken, zwanzigtausend Mann in den Tod einer Laune halber, wohingegen er, Hamlet, alles schleifen lasse, wo er doch einen ermordeten Vater und eine geschändete Mutter habe.

Hamlet entdeckt plötzlich »Ehre« und »Ruhmgier« als Gründe zum Handeln und findet den hanebüchenen Fortinbras-Feldzug gerade wegen seiner Unsinnigkeit bewundernswert. Draufgänger Fortinbras wird sein neues Vorbild. Mit dem markigen Abschlußsatz »Oh, um Blut nur kreis / Ab heut mein Denken, oder wertlos sei's« verabschiedet Hamlet sich und reist brav weiter nach England mit Rosenkranz und Güldenstern als Irrenwärter.

Hamlets Grübeleien erscheinen zunehmend absurd, und seine blutigen Schwüre klingen abgestanden und wie hohle Floskeln. Es ist, als würde Großvater vom Krieg erzählen und die alten, längst verjährten Schlachten noch immer schlagen wollen.

Die zweite Spiegelung des »Rächer«-Themas tritt in Gestalt des Laertes auf. Laertes ist der Sohn des Polonius, der zu Stückbeginn ins sündige Paris zum Auslandsstudium aufgebrochen ist: Aus dem leichtlebigen Hallodri ist ein wildwütiger Vater-Rächer geworden.

Es steht nicht gut in Dänemark, zu viele Skandale hat die Herrschaft des Claudius im Schlepptau: der ungeklärte Mord am obersten Staatsrat Polonius; dessen Tochter Ophelia ist darüber offenbar geisteskrank geworden; der

Thronfolger wird unter unklaren Umständen abgeschoben; das Volk murrt, üble Gerüchte gehen um; und nun ist Sohn Laertes wieder im Land und sammelt Volksmassen um sich. Der dänische Staat ist ganz konkret aus den Fugen. Der rebellierende »Pöbel« ruft Laertes schließlich gar zum König aus, bricht die Tore des Schlosses Helsingör auf, und Laertes, den Degen in der Faust, stürmt blutgierig in die Gemächer des vermuteten Polonius-Mörders Claudius: »Wo ist mein Vater?«

Es droht ein Staatsstreich, eine Revolution bricht los in Dänemark, und es kommt zur physischen Bedrohung des legitimen Herrschers. Das Leben des Staatsoberhaupts hängt an einem Haar – politische Anarchie herrscht im Land. Als Anführer der Volksmassen steht aber kein politischer Überzeugungstäter, sondern ein als Privatmensch Beleidigter – ein rächender Sohn wie aus dem Bilderbuch –, kein räsonierender, feingeistiger Hamlet, der angesichts eines das ganze Land betreffenden Unrechtsregimes »vernünftelt und zaudert«. Gegen die wehleidige, bramarbasierende hamletische Selbstbespiegelung wird wiederum als positives Gegenmodell ein Tatmensch gestellt.

Sehr schnell jedoch relativiert sich auch der Charme solch blindwütig-entschlußfrohen, aber unreflektierten Handelns: Es gelingt nämlich Claudius mit rhetorischen Tricks sehr schnell, die unbedachte Wut des Laertes von sich abzulenken und ihn zum blinden Werkzeug einer charakter- und ehrlosen Meuchelmord-Intrige gegen Hamlet umzufunktionieren. Spontane Tatkraft alleine scheint auch keine zufriedenstellende Antwort auf die Fragen nach dem richtigen tätigen Leben zu sein.

»Schöne Ophelia!« – »Arme Ophelia!«

Eindeutig zu kurz gekommen ist in dieser Beschreibung die arme Ophelia. Ihre Rolle wirkt aber auch von Shakespeare nur wie als Tuschskizze aufs Papier geworfen; ihre wenigen Szenen gleichen kurzen, grellen Schlaglichtern auf Stationen einer kleinen Tragödie, für die im großen Gesamtgeschehen nicht viel Zeit bleibt. Es sind kleine Spitzen eines Eisbergs, dessen riesige Masse unsichtbar unter der Oberfläche treibt.

Wir bekommen keinerlei Hinweise auf Ophelias eigenes Denken und Fühlen. Sie ist immer nur Spielball im Duell der angeblich Großen und Wichtigen und wird, wenn nicht mehr benötigt, achtlos fallengelassen. Ihre Biographie und Geschichte weist mehr Leerstellen und weiße Flecke auf als die damalige Landkarte von Indien. Sie ist ein Opfer ihres Bruders, ihres Vaters und ihres Geliebten.

Ophelia ist ein Mädchen, dem alles Eigene verboten wird. Laertes und Vater Polonius verbieten ihr Meinungen, Bewegungsfreiheit, Selbständigkeit, eigenes Denken, eigenes Handeln, eigenes Reden – und vor allem ihre eigene Sinnlichkeit und das eigene Lieben. Sie darf Hamlet nicht lieben, darf keine Sinnlichkeit haben. Sie darf nur eines: den Vorstellungen anderer (Männer!) gehorchen. Ihr eigener Wille ist nicht gefragt.

Ophelia ist ein Mädchen, das immer benutzt wird: von Bruder Laertes als Opfer seiner machohaften Dominanz-Allüren; von Vater Polonius, dem Sinnlichkeitsverdammer, als erotische Handelsware und Lockvogel für Hamlet; vom Geliebten Hamlet als stellvertretendes Opfer für dessen Wut auf die Mutter und als Zielscheibe seines hysterischen Frauenhasses.

Ophelia ist ein Mädchen, das immer Rollen spielen muß, Rollen, die ihr von den ihr wichtigsten, nächsten Menschen, dem Bruder, dem Vater und dem Geliebten, aufgezwungen werden – jene beiden Rollen, die Männer schon immer gern Frauen zugewiesen haben: die der keuschen Heiligen und die der lüsternen Hure. Hamlet ernennt sie erst zur »Himmlischen und Göttin meiner Seele«, dann staucht er sie als verlogenes Luder zusammen, das am besten gleich ins Bordell ginge.

Polonius befiehlt ihr erst die Rolle der keuschen Spröden und verbietet ihr den Umgang mit Hamlet; dann besetzt er sie mit der Rolle der erotischen Verführerin, um Hamlet ins Netz zu locken. Was Ophelia selbst ist, ist nicht gefragt.

Ophelia ist ein Mädchen, das öffentlich bloßgestellt wird. In der »Mausefallen«-Szene macht Hamlet in einer seiner übelsten Eskapaden die schüchterne Ophelia zum Opfer vor dem ganzen Hofstaat. Er lenkt aller Augen auf sie, indem er lauthals obszöne Witze über ihre Geschlechtsteile macht. Es ist, als würde er sie auf eine Bühne stellen und ihre Scham entblößen.

Nun ermordet ihr Geliebter ihren Vater. Ophelia verliert den Verstand. Warum das so kommt, hat Shakespeare uns nicht deutlich erzählt; vielleicht wollte er hier nur die Schaulust des Publikums befriedigen. Wahnsinnige auf der Bühne kamen bei den Londonern blendend an, die als Sonntagsvergnügen ins Irrenhaus spazierten und sich mit wohligem Gruseln die tobenden Geisteskranken ansahen.

So läßt Shakespeare Ophelia gleich zweimal als Irre auftreten: Im weißen Hochzeitskleid verteilt sie Blumen, singt lustvoll unanständige Liedchen und macht irre kichernd obszöne Bemerkungen.

Man neigt dazu, Ophelias bruchstückhafte Geschichte mit einer »psychologischen« Entwicklung auszufüttern. Psychologisiererei liegt uns als Nachfahren des 19. Jahrhunderts. Aber Shakespeares Dramaturgie, die in Bildern, Emblemen und Metaphern erzählt, läßt sich auch anders verstehen: Gerade *daß* man von ihrem Inneren nichts erfährt, könnte das eigentliche Thema sein.

Im Bild der gehorsamen Ophelia zeigt sich das »ideale« Produkt der scheinhaften Hofwelt: Von einem Menschen wird erzählt, der nur aus Rolle und Maske besteht, hinter denen das wahre Ich ohne Rest verschwindet. So ist Ophelia eine »Frau ohne Eigenschaften«.

Ophelia durfte sich nicht außerhalb ihrer weiblichen Rollen bewegen, die sich Männer für sie ausgedacht hatten. Aber diese Rollen waren widersprüchlich: keusche Göttin und verführerisches Luder. Ein solcher Widerspruch ist nicht lebbar. Ophelias Geist verwirrt sich. Sie flüchtet in eine andere, innere Welt; aber auch jetzt erfährt man nichts von ihrem wahren, verborgenen Selbst, kein autonomes Ich erscheint in ihrem Wahnsinn, nur ihre vergewaltigte Sinnlichkeit und Körperlichkeit bricht an die Oberfläche. Ihre wirren Sätze sind nicht ihre eigenen, aus ihr dringen nur die Stimmen und Texte anderer.

Im Bild der irren Ophelia wirken plötzlich die beiden unvereinbaren Rollen wie überblendet und grotesk verschmolzen. Als keusche Züchtige, die obszöne Bemerkungen macht, als unschuldsvoll Schamlose, die kindlich Blümchen verteilt, erscheint sie als zerstörtes (weibliches) Zerrbild des »Wunderwerks« Mensch.

Ophelia ist auch ein Zerrspiegel Hamlets: Wo Hamlet sich bewußt Masken wählt, werden Ophelia Rollen aufgezwungen. Wo Hamlet uferlos nach seinem wahren Selbst sucht, muß Ophelia das ihre perfekt verschleiern. So stehen sich Ophelia und Hamlet gegenüber wie Positiv und Negativ ein- und desselben Gegenstands: er schwarz in Trauerkleidung, sie weiß im Hochzeitskleid; er im Wahnsinn des gespielten Wahnsinns, sie im Wahnsinn des unlebbaren Lebens; er in Sexualhaß und Körper-Ekel sich verknäulend, sie in eine naive Sinnlichkeit sich hinfließen lassend; er über einem Totenschädel brütend, sie über Blumenkränzchen singend. Schließlich will die geistig verwirrte Ophelia Kränze flechten und klettert auf einen Weidenbaum, der sich über einen Bach neigt. Ein Ast bricht, Ophelia fällt in den Bach und ertrinkt. Sogar ihr Tod wird benutzt: Claudius kann mit der gelegen kommenden Nachricht von Ophelias Ende den Rachedurst des erschütterten Laertes von sich ablenken und auf Hamlet umdirigieren. Als schöne Wasserleiche unterm Weidenbaum driftet die keusch-unzüchtige Ophelia seither als morbide Ikone im weißen Hochzeitskleid durch die männlichen Phantasien des Abendlands.

»Ach, armer Yorick«

Das klassische Klischee, als das Hamlet seit vierhundert Jahren durch die Kulturgeschichte geistert, ist erfaßt im Bild eines schwarzgekleideten Grüblers, der auf einem Friedhof trostlos einen Totenschädel in der ausgestreckten Hand betrachtet. »Ach, armer Yorick« – es ist der Schädel des lange verstorbenen königlichen Hofnarren, den Hamlet als Kind so gut kannte und der nun auf dem Friedhof von kaltschnäuzig witzelnden Totengräbern ans Licht befördert wird, gerade als Hamlet mit Horatio vorbeikommt. Trostlos ist Hamlet allerdings nicht. Er witzelt und kalauert durchaus wie in alten Zeiten, und man könnte sagen, daß Hamlet wieder einmal eine neue Rolle spielt. Aber es klingt ein so befremdlich neuer Ton aus ihm, daß wir das etwas abschätzige Theaterwort »Rolle« durch ein gewichtigeres ersetzen wollen: Sagen wir also, wir sehen Hamlet in einer neuen Metamorphose. Er erscheint uns wie ein anderer Mensch, als ein Fremder aus der Fremde, abgehobener von der Realität denn je. Man könnte meinen, er sei um Jahrzehnte gealtert, er erscheint als ein über den irdischen Dingen stehender, abgeklärt-ironischer Weiser.

Deswegen sind seine Äußerungen aber nicht unbedingt sympathisch. Er berichtet Horatio, wieso er so überraschend und plötzlich aus England zurück ist: Auf der Überfahrt nach England hatte er aus dem Gepäck von Rosenkranz und Güldenstern den Brief des Claudius an den englischen König gestohlen und aufgebrochen. So las er die Order, daß der englische König ihn, Hamlet, sofort bei Ankunft hinrichten lassen sollte. Hamlet schrieb sofort in einem anderen Brief, daß der englische König umgehend die Überbringer, also Rosenkranz und Güldenstern, umbringen lassen sollte, und steckte ihn in deren Gepäck; bei einem Scharmützel mit Seeräubern gelang Hamlet die Flucht, und so kam er zurück nach Dänemark. Horatio fragt: »Und Rosenkranz und Güldenstern gehn drauf?« Hamlet kommentiert den von ihm organisierten Tod seiner Jugendfreunde mit Sätzen wie: »Sie kratzen mein Gewissen nicht« und »ist ein Menschenleben so, als sagt man ›eins‹«, und:

»[...] Ist's vorm Gewissen
Nicht rechtens, es mit diesem Arm ihm lohnen?
Und ist's nicht zu verdammen, diesen Krebs
Der Menschheit böse weiterwuchern lassen?«

Es ist nicht mehr der trostlose Grübler und Zweifler, den wir vor uns sehen, sondern es ist Hamlet, der kalte Zyniker. Zynisch ist sein Verhältnis zum Tod, als stünde er mit diesem in neu wissender Beziehung, und als wäre die Endlichkeit ein Scherz. Makabre Scherze macht er auch über Yoricks Schädel. Da ist nichts von ergriffener Ehrfurcht vor dem Ende: »Puh, der stinkt«, meint Hamlet, als er an den Kiefern schnuppert, deren Lippen er einmal geküßt hat, und findet's eklig. Ein süßlicher Duft von Friedhof, Moder und Verwesung liegt über allem – und eine bösartige Groteske:

Ophelia wird beerdigt; als mutmaßlicher Selbstmörderin gewährt man ihr nur mit knapper Not ein Grab in geweihter Erde; ihre Bestattung wird zu einem unwürdigen und makabren Schauspiel: Laertes springt ihr in pathetischem Schmerz ins Grab hinterher, ihren Mörder Hamlet verfluchend – da springt Hamlet aus dem Gebüsch, behauptet brüllend wetteifernd vierzigtausendmal tieferen Liebesschmerz zu haben, als Laertes je empfinden könne, und springt ins Grab hinterher. Über Ophelias Leiche prügeln sich ihr Bruder und ihr Geliebter wie die Gassenjungen.

Für die Trauergemeinde manifestiert sich Hamlets Wahnsinn in einem neuen Anfall, für den Betrachter entzieht sich Hamlets Verhalten jeder klaren Zuordnung.

Vor der Kulisse von Friedhof, Schädeln und Gräbern entwickelt sich Hamlets neues Thema: Die Endlichkeit und das Schicksal stehen im Vordergrund seiner kryptischen, mal ironischen, mal im Vagen sich verlierenden Reden. Was der Schauspieler-König in der Mausefalle-Szene gesagt hatte, erklingt in Hamlets Endphase wie ein fernes Echo:

SCHAUSPIELER-KÖNIG: »Häufig
Sind Wille und Geschick so gegenläufig,
Daß unser Planen schnell daran zerbricht:
Des Denkens Herr sind wir, des Ausgangs nicht.«

Während Hamlet zuvor im selbstbestimmten Fragen und Suchen gegen die Wände seiner Welt angerannt war, heißt es nun:

HAMLET: »eine Gottheit ist, die unsern Endzweck formt,
Haun wir ihn grob vor wie wir wollen.«

Alles, was geschah, erklärt Hamlet nun zum Willen und Werk der Vorsehung – vor allem seine eigenen Taten wie die Tötung von Rosenkranz und Güldenstern und ebenso alles, was noch geschehen wird. Der Mensch ist nicht Herr seines Handelns:

»Wir lehnen Zukunftsschau ab. Es herrscht eine Vorsehung über dem Fall eines Sperlings. Soll es jetzt sein, soll's nicht dereinst sein; soll's nicht dereinst sein, wird es jetzt sein; soll es jetzt nicht sein, so wird es dereinst doch einmal sein. Bereit sein, das ist alles.«

Vom sich aufbäumenden Subjekt, das gegen seine Ohnmacht in der Welt aufbegehrt, zum Demütigen, der die eigene Ohnmacht akzeptiert und einsichtig der christlichen Vorsehung den Lauf der Dinge überläßt – Hamlet zitiert Matthäus (X,29) vom »Fall eines Sperlings«. Ist das also die christlich-calvinistische Botschaft des Stückes und das Ergebnis all des Irrens und Suchens? Oder ist es der Selbstbetrug eines, der auszog, das Handeln zu lernen, und nicht zu Streich gekommen ist und deshalb bei der protestantischen Prädestinationslehre und den Tröstungen der Religion endet?

Oder ist auch dies alles nur als skeptische Ironie des Masterminds Shakespear zu verstehen? Soll man das Seelendrama des sich selbst entdeckenden Individualisten Hamlet, seine Innerlichkeitstragödie des Denkens und der Vernunft als traurige Farce sehen angesichts der gleichgültigen »blinden Himmelsfügung« im Getriebe der Geschichte?

Es ist, als stünde Hamlet schon abgeklärt unter einem Vorschein des eigenen Todes, als würde er wie aus der Ferne an der Gegenwart teilnehmen und als wären ihm die Schauspiele, die er auf seiner inneren Bewußtseinsbühne inszeniert, nicht mehr recht unterscheidbar von denen, in denen er selbst noch mitspielt. »Sehr kurz wohl wird's. Die Zwischenzeit ist mein.« Aber sie ist es längst nicht mehr. Das Gesetz des Handelns hat er längst verloren.

»Der Rest ist Schweigen«

Claudius war es leicht gelungen, den überschäumenden, blinden Rachedurst des Rächers Laertes zu instrumentalisieren und gegen Hamlet zu richten. Er bringt ihn dazu, Hamlet heimtückisch zu ermorden: Laertes soll ihn zu einem Freundschafts-Fechtkampf herausfordern – aber statt mit stumpfem Übungsdegen soll Laertes eine echte Waffe nehmen und Hamlet tödlich verletzen. Laertes als willfähriges Werkzeug des Verbrechens bringt noch die eigene Idee ein, die Degenspitze zu vergiften, damit der Mord auch ja gelingt. Claudius will unbedingt auf Nummer Sicher gehen und beschließt, obendrein noch vorsichtshalber auch den Wein zu vergiften, der Hamlet in einer Kampfpause angeboten wird.

Hamlet geht auf die Fechtherausforderung gern und arglos ein und entschuldigt sich bei Laertes: Nicht er habe ihm Unrecht getan, sondern sein Wahnsinn sei es gewesen. Und so kommt es zum bühnenwirksamen und hochdramatischen Showdown: Laertes verwundet Hamlet leicht mit dem vergifteten Degen, daraufhin wird der Kampf ernst. Im Handgemenge vertauschen Hamlet und Laertes die Waffen, so daß Hamlet nun den vergifteten führt.

Gertrud, die von nichts etwas weiß, trinkt unversehens vom vergifteten Wein. Hamlet verletzt Laertes. Die Königin stirbt am Gift. Laertes fällt schwer verletzt im Kampf. Sterbend beichtet er öffentlich die ganze Intrige des Claudius, sagt Hamlet, daß auch er schon das Gift im Leib habe und verloren sei, und stirbt.

Nunmehr – wissend um seinen alsbaldigen Tod – nunmehr beginnt Hamlet endlich zu handeln und tut, was ihm aufgetragen war: Er fällt über Claudius her und ermordet ihn. Der letztendliche Vollzug der Rache – wenn man diesen Akt des Abschlachtens denn tatsächlich so nennen will – geschieht nicht nach den Begriffen des alten Ehrenkodex in Würde, sondern im Rahmen eines heimtückischen und primitiven Massakers.

Dann beginnt das Gift auch Hamlet zu überwältigen. Der getreue Horatio, der ewig schweigsame, dienende Freund, will es ihm in Römerart gleichtun und sich ins Schwert stürzen, aber Hamlet verbietet es ihm. Er befiehlt ihm weiterzuleben, um der Nachwelt sein Leben zu erzählen. Ein Herold tritt auf und verkündet, daß Fortinbras siegreich zurück aus Polen sei. Hamlet gibt sterbend Fortinbras, dem brutalen, ehrsüchtigen Tatmenschen, seine Stimme als Nachfolger auf dem dänischen Thron. »Der Rest ist Schweigen« – damit stirbt Hamlet.

Die englischen Gesandten treten auf und berichten, daß Rosenkranz und Güldenstern befehlsgemäß hingerichtet wurden; Fortinbras, der Heerführer, betrachtet mit Grauen das Blutbad. Er spricht Hamlet den Grabspruch:

»Er hätt gewiß, hätt man's ihm aufgetragen,
Sich königlichst bewährt.«

Man darf daran zweifeln. Claudius hat seinen Bruder ermordet, aber Hamlets Handeln hinterläßt gleich acht Tote: er selbst, Claudius, Polonius, Ophelia, Rosenkranz, Güldenstern, Laertes und Gertrud. Und als politische Folge ist der dänische Thron unter norwegische Fremdherrschaft gefallen.

Regieanweisung: Alle in einem Trauermarsch ab.

Kein Fazit

Der Mythos des »überzeitlichen Kunstwerks« mit universalistischer »Aussage« umwabert den HAMLET wie kaum ein anderes Drama. Als Gegengewicht gegen diese Verklärung sollten hier einige sehr irdisch-konkrete, historische Entstehungsbedingungen des Textes vorgestellt werden: die Erschütterungen der Umbruchszeit zwischen Reformation und Moderne; das elizabethanische Modethema der Melancholie; die höfisch-politische Welt als theatralisches Spektakel; die Lehren des Hofmanns Castiglione; der Große Lauschangriff; die Zentralperspektive; der Spiegel; das Rächer-Drama; die Einflüsse Montaignes et cetera.

Nun sind aber diese Elemente, die den Text in seiner historischen Entstehungszeit verankern, durchaus nicht des Verständnisses letzter Schluß. Das Stück auf sie beschränken zu wollen würde bedeuten, es ins Museum zu verbannen. Das Gebäude HAMLET ist ersichtlich mehr als die Summe seiner historischen Bausteine. Man kann den Text lesen und von ihm berührt sein, ohne von all diesen Hintergründen das Geringste zu wissen. Und dies ist wohl eines seiner rätselhafteren Eigenschaften.

Es ist ein seltsames Phänomen des HAMLET, daß das Stück die Gedanken des Beobachters fortwährend von der eigentlichen Handlung abschweifen läßt und auf absonderliche Reisen schickt.

So wird zum Beispiel das Rache-Thema schnell nebensächlich: Man vergißt es beinah und ist damit Hamlet sehr ähnlich, der in dem Maße, wie er sich selbst zum Problem wird, den eigentlichen Anlaß all der Geschehnisse aus dem Blick verliert. Hamlets unaufgelöstes Sich-selbst-zum-Problem-Werden ist es wohl, was die eigenen Selbst- und Welterfahrungen des Betrachters besonders herausfordert. So macht dieser sein Eigenstes, Unabgeschlossenes zum Teil der Hamlet-Figur. Die offenen Enden des Stückes, die nicht beantworteten Fragen und den in der Schwebe bleibenden »Sinnüberschuß« führt der Betrachter aus dem Fundus seiner eigenen menschlichen Grunderfahrungen fort.

Eine der allgemeinsten ist sicher jenes Erlebnis der Scheinhaftigkeit der Welt, die im Stück zur zentralen Metapher »Theater« geronnen ist. Theater – jene öffentliche Scheinwelt, hinter der eine unsichtbare zweite, private Realität der Schauspieler steckt, jenes schillernde Paradox aus inszeniertem Schein und verborgener Wirklichkeit, aus Verstellung und Offenbarung, aus glitzernder Fassade und banaler Realität –, im HAMLET wird es zum Symbol der Doppelbödigkeit aller Weltphänomene. Und diese Erfahrung ist durchaus nicht auf das Jahr 1600 beschränkt.

»Maske«, »Rolle«, »Spiel«, »Schau« sind Schlüsselwörter des Stückes. Etwas spielen, etwas sein – zwischen diesen beiden Polen gibt es unendliche Zwischenstufen und unauflösliche Ambivalenzen. Illusion, Schau, Täuschung ist das Wesen des Theaters, aber paradoxerweise kann die theatralische Illusion das Wesen der Wirklichkeit wahrhaftiger erkennen lassen als die Wirklichkeit selbst. Wirkliches Handeln in der Welt kann sich umgekehrt im Illusionären verlieren. *To act* – das Wort »handeln«, um das sich alles dreht und woran Hamlet so rätselhaft versagt, hat im Englischen ironischerweise einen Doppelsinn: es heißt auch – »schauspielern«.

Wahrheit pur und unvermischt ist offenbar schwer zu haben – nicht einmal diejenige über sich selbst. Auf der Suche danach erfindet sich Hamlet selbst in ungezählten Rollen. Die Betrachter tun es ihm nach.

Hamlets ohne Ende oder: Hamlet, Hamlet über alles

Es dürfte kaum ein Satz in dieser Hamlet-Beschreibung stehen, der nicht anzweifelbar oder schlankweg bestreitbar wäre. Man kann das alles auch ganz anders sehen. Es wurde einmal gesagt, das Schwierige beim HAMLET sei, letztlich zu wissen, um was es überhaupt geht.

Zum Beispiel läßt sich gegen die beliebte klassische Behauptung, Hamlet sei eine Darstellung »des Menschen schlechthin«, sehr leicht aus feministischer Sicht protestieren. In seiner übel misogynen Komponente, die alles Weibliche zum Inbegriff des Falschen und des Ekligen stempelt, eignet sich Hamlet nur schlecht als archetypisches Identifikationsangebot des »Menschen an sich« – es sei denn, man nimmt allein den Mann zum Maßstab des »Menschlichen«.

Hamlet, der traurige Grübler, kann sich auch keineswegs allgemeiner Sympathien sicher sein. Zum Beispiel sieht Charles Marowitz, amerikanischer Regisseur und provokanter, rebellischer Neuerzähler Shakespearescher Themen, die Figur Hamlet folgendermaßen:

»Ich verachte Hamlet. Er ist ein Schwätzer, ein Schwafler, ein Analysierer, ein Rationalisierer. Wie der Salon-Liberale oder der gelähmte Intellektuelle kann er jede Facette eines Problems beschreiben, kriegt aber nie den Hintern hoch. Ist Hamlet ein Feigling, wie er selber vorschlägt, oder nur ein Poseur? Und warum sagt er immer alles zweimal? Und wie kann jemand in einem so verkommenen Land so wohlgesetzt daherreden, angesichts der Aufgabe, die ihm gestellt ist? Man mag ihn vielleicht für einen redegewandten Sensiblen halten, aber mich macht er, offen gesagt, krank.«

Das interpretierte zum Beispiel der Kritiker George Wilson Knight im Jahr 1930 in England genau umgekehrt: Er sah Hamlets Dänemark als von Grund auf gesunden, zufriedenen Staat an, mit einem tüchtigen, vernünftigen König Claudius auf dem Thron, dem ein durch Schmerz und spiritistische Erfahrungen vergifteter Hamlet als Todesgesandter gegenübersteht – »eine kranke Seele, die heilen soll, ein Element des Bösen im Staate Dänemark«, ein Element, das Vergangenes nicht vergangen sein lassen möchte, wie es Claudius doch zum Besten aller wünscht. Da trifft Knight sich durchaus mit dem deutschen Dichter Hebbel, der dem Tatmenschen König Claudius recht gibt gegen den Zauderer Hamlet, denn »um die Welt wird es immer bedenklich stehen, wenn Hamlet mitreden darf«. Für Hebbel ist Hamlet »schon Aas vor der Tragödie«.

Blickwinkel und *Standort* des Betrachters definieren in ganz ungewöhnlichem Maße das, was das Stück HAMLET jeweils sein soll. Hamlet, der sich selbst ein Rätsel ist, provoziert offenbar jeden Leser, ihm Rätsellösungsvorschläge zu unterbreiten, und so gibt es nicht *einen* Hamlet, sondern »es gibt Millionen von ihm, Millionen von Hamlets«, wie Stopford Brooks 1913 schrieb. Und alle sind sie unterschiedlich – die Identifikationsrate ist hoch: »*Wir* sind Hamlet«, meinte 1818 William Hazlitt.

Das fanden vor allen Dingen die Deutschen. Der Hamlet-Kult begann Mitte des 18. Jahrhunderts mit Herder, der Shakespeare als den »Dolmetscher der Natur in all ihren Zungen« hymnisch verherrlichte, und mit Lessing, der den noch weitgehend unbekannten Shakespeare als aufregend wilden Gegenentwurf gegen die kulturelle Dominanz des klassizistischen französischen Theaters ins Feld führte. So wurde Shakespeare das neue kulturelle Identifikationsangebot auf der Suche nach einem bürgerlichen deutschen Nationaltheater und einem deutschen Nationalgefühl. Ab 1770 wurde der traurige dänische Prinz geradezu zur Parole der Stürmer und Dränger, die, vom »Wertherfieber« kaum genesen, in einem wahren »Hamletfieber« schwelgten. Goethe beschreibt es in DICHTUNG UND WAHRHEIT folgendermaßen:

»Hamlet und seine Monologe blieben Gespenster, die durch alle jungen Gemüter ihren Spuk trieben. Die Hauptstellen wußte jeder auswendig und rezitierte sie gern, und jedermann glaubte, er dürfe ebenso melancholisch sein als der Prinz von Dänemark, ob er gleich keinen Geist gesehen und keinen königlichen Vater zu retten hatte.«

HAMLET, das Stück der offenen Fragen und nicht geklärten Motive, provoziert dazu, mit eigener Phantasie das auszufüllen, was fehlt. So erdenkt Goethe sich zuerst einen Prinzen, wie er vor Stückbeginn, vor dem Tod des Vaters war: »Zart und edel entsprossen [...] war er ein Fürst, ein geborener Fürst, und wünschte zu regieren, nur damit das Gute ungehindert gut sein möge; [...] niemals konnte er sich mit dem vereinigen, der die Grenzen des Rechten, des Guten, des Anständigen überschritt.«

Nichts davon steht im Stück. Es ist eine Vision, die eher Goethe beschreibt als den reichlich zwiespältigen Prinzen. Von Goethe stammt denn auch die erste große Interpretation, die für das Hamlet-Verständnis über lange Zeit bestimmend blieb – vielleicht bis heute. Den Grundgedanken des Stückes faßt Goethe im WILHELM MEISTER so zusammen:

»Mir ist deutlich, daß Shakespeare habe schildern wollen: eine große Tat auf eine Seele gelegt, die der Tat nicht gewachsen ist. [...] Ein schönes reines edles höchst moralisches Wesen geht unter einer Last zugrunde, die es weder tragen noch abwerfen kann.«

Hamlet wird damit zum wesentlichen Element der »Bildung« der deutschen Seele ernannt. Insbesondere die Romantiker fühlten sich diesem Hamlet verwandt, den Wilhelm Meister ihnen als edlen Schwarmgeist und traumverlorenen Melancholiker vorinterpretiert hatte. Der Deutsche wurde allmählich nicht nur zum »faustischen Menschen«, er stilisierte sich zum »hamletischen Menschen« als der zweiten Persona der deutschen Seele.

In den Hamlet-Phantasien der Interpreten wird der Interpret selber sichtbar – das Spiegelkabinett HAMLET wird auch Spiegel der HAMLET-Deuter. Wenn Goethe interpretiert: »Ein freies Wollen ist Hamlet unmöglich«, so kann man in diesem nicht-frei-wollen-könnenden Hamlet auch den deutschen Intellektuellen des ausgehenden 18. Jahrhunderts sehen, dem politisches Denken recht fernlag – während eigentlich doch Shakespeares Hamlet ganz deutlich auch in politischen Kategorien denkt: »Dänemark ist ein Gefängnis.«

Während die Goethe-Interpretation und ihre Nachfolger Hamlets Frauenhaß und seine diversen wenig erhabenen Mordtaten ausblendeten, hatte man in England in dieser Zeit ein nicht ganz so idealisches Bild der Figur. Der große Kritiker und Literat Dr. Samuel Johnson spricht ganz unsentimental von »Hamlets nutzloser und lüsterner Grausamkeit« und findet manche seiner Äußerungen »zu grauenhaft, als daß man sie lesen oder aussprechen dürfte«. Sein philologischer Kollege Steevens hält es »für nötig, die unmoralischen Neigungen seines Charakters aufzuzeigen, weil Hamlet offenbar bisher als ein Held betrachtet wurde, der das Mitleid des Publikums durchaus verdient habe«. So ähnlich sah ihn auch der große Shakespeare-Übersetzer August Wilhelm Schlegel, der über den Charakter des Hamlet »nicht ganz so günstig urteilen kann, wie Goethe es tut«, und meinte, Hamlet habe »einen natürlichen Hang dazu, krumme Wege zu gehen« und sei überhaupt ein etwas zynischer, rücksichtsloser und schadenfroher Mensch.

Ganz aus dem nächtig-weltabgewandten Geist der Romantik urteilt sein Bruder Friedrich Schlegel: »Der Gegenstand und die Wirkung dieses Stücks ist die heroische Verzweiflung, das heißt eine unendliche Zerüttung in den allerhöchsten Kräften. Der Grund seines innren Todes liegt in der Größe seines Verstandes ... Für ihn ist es nicht der Mühe wert, ein Held zu sein; wenn er wollte, so wäre es ihm nur ein Spiel. Er übersieht eine zahllose Menge von Verhältnissen – daher seine Unentschlossenheit. – Wenn man aber so nach Wahrheit frägt, so verstummt die Natur; und solchen Trieben [...] ist die Welt nichts.«

Das Thema »Handeln und Denken«, »Reflexion und Tat« wurde immer wieder aus unterschiedlichsten philosophischen Haltungen erörtert. Friedrich Schlegel sah aus romantischer Geisteshaltung in Hamlet das »Leiden der Individuation«: Während bei Goethe dem Hamlet ein freies Wollen unmöglich ist und ihm die »sinnliche Stärke« fehlt, handelt er laut Friedrich Schlegel nicht deswegen nicht, weil er nicht handeln *kann*, sondern weil er nicht handeln *will* – denn alles Handeln sei nutzlos, es ändere nichts am Bestehenden. Gegen dieses Nicht-handeln-Wollen kann man nun den englischen Dichter Coleridge gegenlesen, der zum Schluß kommt: »Shakespeare wollte uns die Wahrheit verdeutlichen, daß Handeln das Hauptziel allen Daseins ist.«

In Deutschland, dem Land der schweren Philosophie, wurde der reflektierende HAMLET in der Nachfolge Hegels zum Gegenstand besonders schwerer philosophischer Reflexion. Für den Hegelianer Eduard Gans ist Handeln *sittliche Notwendigkeit*, Nicht-Handeln *moralische Schwäche*. Friedrich Schlegel hatte im freiwilligen Nicht-Handeln *Größe* gesehen – nun erkennt man hegelianisch, daß Nicht-Handeln *Schuld* ist gemäß objektiv-moralischem Sittengesetz; also wird das rachgierige Niedersäbeln des Claudius nunmehr als *sittliche Notwendigkeit* gewertet. Für einen anderen hegelianischen Interpreten, Hermann Ulrici, sieht Hamlet sich allerdings vor dem Dilemma, daß die Rache einerseits *sittlich notwendig*, andererseits zugleich aber *sittlich nicht zu rechtfertigen* ist. Die Erfüllung beider Gebote gleichzeitig ist unmöglich, und so bleibt Hamlet gar nichts anderes übrig, als *nicht* zu handeln und zu warten, bis die *Vorsehung* die Tat für ihn vollbringt. Somit ist nunmehr – hegelianisch gegen hegelianisch gegen hegelianisch – Nicht-Handeln weder moralische Schwäche, noch ist es Schuld, sondern ganz im Gegenteil – *Tugend*!

Viel philosophischer Disput und wenig praktische Taten in der politisch brisanten Realität – so erschien vielen deutschen liberalen Oppositionellen in der ersten Hälfte des 19. Jahrhunderts dieser Lärm um Hamlet. Ihnen wurde der tatgehemmte Grübler zum besonderen politischen Symbol für den Gang der deutschen Geschichte. Die deutsche Nation war zerrissen, die Restauration feudaler Verhältnisse war in vollem Gange, Metternich hatte eine Art Polizeistaat etabliert – und niemand *tat* etwas dagegen!

In den Augen der deutschen Freiheitsbewegung des Vormärz wurde auf diese Weise der tatenlos grübelnde

Hamlet der weltschmerzlüsternen Romantiker zum verabscheuten Inbegriff des politisch apathischen Intellektuellen. Hamlet wurde zum Spiegelbild all derer erkoren, die sich vor der konkreten deutschen politischen Gegenwart in Innerlichkeit zurückzogen, statt zur befreienden revolutionären Tat zu schreiten. Da war es Ludwig Börne, der liberale Schriftsteller, der nun zur Jagd auf Hamlet blies. Er habe wohl in Wittenberg zu viel schwere deutsche Philosophie studiert, dieser Nachtwächter, dieser Todesphilosoph, dem die Welt ein Kirchhof ist, dem der Mut des Herzens fehle, den wir »in einem gemeinen Handgemenge schimpflich umkommen und alle, die ihn umgeben, nicht den Schlägen, nein, einer Schlägerei des Schicksals unterliegen« sehen.

»Ein Deutscher bräuchte sich nur abzuschreiben, und der Hamlet wäre fertig [...] Wie ein Fichtianer denkt er an nichts, als ich bin ich, und tut nichts, als sein Ich setzen.« Die deutsche Philosophie, die er in Wittenberg studiert habe, hätte Hamlet wohl ein für allemal lebensuntauglich gemacht. Schließlich bringt Freiligrath 1844 die Wesensgleichheit Hamlets mit dem deutschen Wesen als Selbstanklage der scheiternden deutschen Revolution schlagworthaft in Gedichtform:

»Deutschland ist Hamlet! Ernst und stumm
In seinen Toren jede Nacht
Geht die begrabne Freiheit um
Und winkt den Männern auf der Wacht.
Da steht die Hohe, blank bewehrt,
Und sagt dem Zaudrer, der noch zweifelt:
›Sei mir ein Rächer, zieh ein Schwert!
Man hat mir Gift ins Ohr geträufelt!‹

Nur ein Entschluß! Aufsteht die Bahn –
Tritt in die Schranken kühn und dreist!
Denk an den Schwur, den du getan,
Und räche deines Vaters Geist!
Wozu dies Grübeln für und für?
Doch – darf ich schelten, alter Träumer?
Bin ich ja selbst ein Stück von dir,
Du ew'ger Zauderer und Säumer!«

Es war nicht das letztemal, daß Hamlet als Spiegel deutscher politischer Verhältnisse gesehen wurde – auch wenn die Vorzeichen nicht immer gleich waren: Der deutsch-französische Krieg von 1870/71 und die Reichsgründung zum Beispiel wurden ausdrücklich gefeiert mit dem Motto, daß das siegreiche Deutschland nun eben nicht mehr der untätige Hamlet sei. Umgekehrt warnte Julius Babs kurz vor Ausbruch des Ersten Weltkrieges zögerliche Deutsche ausdrücklich vor den Verirrungen des Dänenprinzen, vor dem traumsüchtigen Geist der Romantik, der seit hundert Jahren die besten Lebenskräfte ruiniere. Und Hamlet ist für ihn folgerichtig eine »Krankheit und Todesbrand der Menschheit«. Ihm entgegen bevorzugt er Fortinbras, »der abruft vom romantischen Versinken, hinruft zu Wirklichkeit und Willen«.

Aus englischer Sicht wurde Deutschland im Ersten Weltkrieg von dem Dramatiker Henry Arthur Jones dann allerdings nicht mit dem traumsüchtigen Hamlet, sondern mit dem Massenmörder Macbeth verglichen.

Und irgendwo fand sich beim Stöbern eine HAMLET-Schulausgabe von 1947, herausgegeben von einem namentlich nicht notwendig zu nennenden Oberstudienrat, der im Nachwort schlagend beweist, alle bisherigen Hamlet-Deutungen, vor allem die Goethesche, seien grundlegend falsch, weil Hamlet nämlich keineswegs ein Zauderer sei, sondern ganz im Gegenteil ein großer, blonder, blauäugiger nordischer Mensch, der mit nie erlahmender Willenskraft unbeirrt und zielstrebig auf seine siegreiche Tat zustrebe und nur durch die Heimtücke und Niedertracht seiner Feinde falle. Und die Selbstanklagen der Monologe wegen mangelnder Tatkraft, die dürfe man selbstverständlich als nur momentane Ausbrüche einer hochgespannten Seele keinesfalls wörtlich nehmen.

In der DDR wurde Hamlet zum Vorbild der Jugend erkoren als volksheldischer Revolutionär in unreifer Zeit, dessen Stunde einfach noch nicht gekommen war. In der alten BRD wurde deutsche Vergangenheitsbewältigung und die Suche nach der Wahrheit der Vätergeneration von Martin Walser mit Hamlet-Vergleichen betrieben. Als 1989 die Mauer fiel, probte Schriftsteller und Regisseur Heiner Müller derweil einen Acht-Stunden-HAMLET in Ost-Berlin und erklärte die Gründe dieser Beschäftigung in dieser dramatischen Phase der deutschen Geschichte so:

»Was wäre jetzt ein aktuelles Stück in der DDR? Da fiel mir nur der HAMLET ein. Ein Stück, das mit Staatskrisen zu tun hat, mit zwei Epochen und einem Riß zwischen den Epochen. In dem Riß steht ein Intellektueller Spagat, der nicht genau weiß, wie er sich verhält: Das Alte geht nicht mehr, das Neue schmeckt ihm auch nicht.«

Wie hatte schon der liberale Göttinger Historiker Georg Gervinus 1849 in seiner Vorlesung gesagt: »Wir blicken in den Spiegel unserer Gegenwart, als ob dies Werk in diesen Tagen erst geschrieben wäre […] Das Bild, das wir Deutsche in diesem Spiegel vor uns sehen, ist zum Erschrecken ähnlich.« HAMLET scheint im wesentlichen von Deutschland zu handeln. Das hatte auch schon der Romantiker Friedrich Schlegel ähnlich gesehen: »Denn wenn die Engländer auch wirklich nicht unfähig sein sollten, den Shakespeare zu verstehen und mit Einsicht zu bewundern, so sind doch unstreitig die Deutschen ungleich geschickter dazu. Und nur die Deutschen können ihn ganz nutzen, wegen der Allgemeinheit des Geschmacks und aller der Eigenschaften, um derentwillen ich sie ein kritisches Volk nennen möchte; nur sie dürfen es wagen, über seinen Wert zu entscheiden.«

Nicht unerwähnt bleiben darf die psychoanalytische Deutung des Stückes, die Sigmund Freud in seiner TRAUMDEUTUNG anstößt und die er als Beispiel seiner Theorie des Ödipalen anführt. Hamlet sei durchaus nicht generell tatgehemmt, sondern nur in bezug auf seinen Stiefvater Claudius:

»Hamlet kann alles, nur nicht die Rache an dem Mann vollziehen, der seinen Vater beseitigt und bei seiner Mutter dessen Stelle eingenommen hat, an dem Mann, der ihm die Realisierung seiner verdrängten Kinderwünsche zeigt. Der Abscheu, der ihn zur Rache drängen sollte, ersetzt sich so bei ihm durch Selbstvorwürfe, durch Gewissensskrupel, die ihm vorhalten, daß er, wörtlich verstanden, selbst nicht besser sei als der von ihm zu strafende Sünder. Ich habe dabei ins Bewußte übersetzt, was in der Seele des Helden unbewußt bleiben muß.«

Friedrich Nietzsche hatte Hamlets Tathemmung nun recht anders gesehen, nicht als individuelle Psychopathologie, sondern als eine philosophische »Verneinung des Willens« aus Ekel über die Absurdität der banalen Wirklichkeit:

»In diesem Sinne hat der dionysische Mensch Ähnlichkeit mit Hamlet: beide haben einmal einen wahren Blick in das Wesen der Dinge getan, sie haben erkannt, und es ekelt sie zu handeln; denn ihre Handlung kann nichts am ewigen Wesen der Dinge ändern, sie empfinden es als lächerlich oder schmachvoll, daß ihnen zugemutet wird, die Welt, die aus den Fugen ist, wieder einzurichten. Die Erkenntnis tötet das Handeln, zum Handeln gehört das Umschleiertsein durch die Illusion - das ist die Hamletlehre.« – und als Rettung aus alledem naht sich, nach Nietzsche , die rettende heilkundige Zauberin: die Kunst.

So wurde gegen den »politischen Hamlet« immer wieder der philosophische Hamlet als »der Mensch an sich« aufs Schlachtfeld der Interpretationen geführt. Nun ist im Lichte der modernen französischen Philosophie des Michel Foucault diese universalistische Vorstellung des »Menschen an sich« ins Wanken gekommen: Sie sei selbst nicht überzeitlich gültig, sondern lediglich eine historisch begrenzte Projektion des bürgerlichen Individualismus des 19. Jahrhunderts.

Damit kommen auch die HAMLET-Interpreten selbst ins Blickfeld der Interpreten. HAMLET »bedeutet« demzufolge in sich selbst gar nichts, wird behauptet, sondern bekommt Bedeutung nur von außen zugeschrieben; der Autor Shakespeare ist tot, das Stück wird von den Betrachtern immer wieder mit beliebigem Sinn neu geschrieben. Dagegen steht nun wie ein Monolith aus vergangenen Tagen das mit viel Publicity bedachte neue Buch SHAKESPEARE – DIE ERFINDUNG DES MENSCHLICHEN des Harold Bloom, der erklärt, nicht *wir* würden Shakespeare erfinden, sondern Shakespeare hätte *uns* erfunden, weil unser gesamtes ethisches und humanes Denken uns von Shakespeare vorgedacht worden sei. Ohne ihn wären die Welt und wir nicht geworden, was wir sind. So wünscht Bloom den ganzen beliebigen französischen »Foucault-Hamlet« zum Teufel und beschreibt die Hamlet-Figur als quasi lebendiges Individuum, das höchstens mit der Jesus-Gestalt des Markus-Evangeliums vergleichbar sei. Ob nun das wiederum richtig ist – wer will es sagen?

Und wenn man sich mit all dem eine Weile beschäftigt hat, dann wird es einem im Kopfe so dumm, als ginge ein Mühlrad im Kreise herum.

Es steht nicht zu vermuten, daß sich in Zukunft an diesem Reigen der Interpretationen viel ändern wird. Wenn man den neuesten naturwissenschaftlichen Forschungen glauben darf, wird der Begriff »der Mensch« in Zukunft einer radikaleren, weil biologischen Infragestellung unterworfen werden als jemals zuvor in der Menschheitsgeschichte. Man kann davon ausgehen, daß auch diese kommende Epoche der sich selbst erschaffenden Menschen in der hamletischen Frage »Wer bin ich?« ihr eigenes Gesicht wiedererkennen wird – auch wenn sie völlig andere Antworten im Spiegel des Stückes sehen wird, als wir sie erahnen können. Und dies nicht, weil das Stück endgültige, überzeitliche Werte und einen universalen Sinn ein für allemal in sich trüge oder alle Antworten aller Zeiten schon in sich schlösse. Im Gegenteil, es ist wohl der Gestus des Fragens in unübersichtlicher Welt, in dem der Betrachter sich wiedererkennt. Die Verweigerung der Antwort, die das Stück darstellt, gleicht einer bohrenden Aufforderung, die Antworten jeweils selbst zu setzen.

Anhang

Ganz kleine Auswahl literarischer Hamlet-Texte

Goethe: Wilhelm Meisters Lehrjahre, IV (1795)
Karl Gutzkow: Hamlet in Wittenberg (1835)
Ferdinand Freiligrath: Hamlet (1835)
Arthur Rimbaud: Ophélie (1870)
Arno Holz und Johannes Schlaf: Papa Hamlet (1889)
Georg Heym: Ophelia (1910)
Alexander Blok: Ich selbst bin Hamlet (1914)
James Joyce: in Ulysses, Kapitel 9 (1922)
Tristan Zara: Mouchoir de Nuages (1924)
Gerhart Hauptmann: Hamlet in Wittenberg (1935)
Bertolt Brecht: Über Shakespeares Stück »Hamlet« (1936)
Fritz von Herzmanovski-Orlando: Sellawie oder Hamlet, der Osterhase (1938)
Alfred Döblin: Hamlet oder Die lange Nacht nimmt ein Ende (1957)
Wolfgang Hildesheimer: Hamlet (1961)
Martin Walser: Der schwarze Schwan (1961)
Tom Stoppard: Rosencrantz and Guildenstern Are Dead (1966)
Gerhard Rühm: Ophelia und die Wörter (1971)
Heiner Müller: Die Hamletmaschine (1977)

Filme

Die folgende kleine Auswahl listet Filme auf, die die Geschichte von Hamlet erzählen oder das Hamlet-Thema benutzen:

Le Duel d'Hamlet, Frankreich 1900, mit Sarah Bernhardt als Hamlet.
Hamlet, Deutschland 1920, mit Asta Nielsen (Hamlet), Eduard von Winterstein (Claudius) und Lilly Jacobssen, (Ophelia).
Hamlet and Eggs, USA 1937, Komödie um einen Schauspieler in Shakespeare-Rollen.
To Be or Not to Be, USA 1942, Regie Ernst Lubitsch.
Hamlet, GB 1947/48, Regie und Hamlet: Sir Laurence Olivier.
Der Rest ist Schweigen, BRD 1959, Regie Helinut Käutner, mit Hardy Krüger (Hamlet), Peter van Eyck, Rudolf Forster, Heinz Drache, Ingrid Andree, Boy Gobert, Charles Regnier (Hamlet im Nachkriegs-Deutschland).
Hamlet, BRD 1960, Regie Franz Peter Wirth, mit Maximilian Schell (Hamlet), Hans Caninenberg, Karl Lieffen, Rolf Boysen, Michael Paryla
Ophelia, Frankreich 1962, Regie Claude Chabrol.
Hamlet, USA 1964, Regie Sir John Gielgud, mit Richard Burton
Enter Hamlet, USA 1965, Cartoon zum »To be or not to be«-Monolog.
Hamlet, GB 1969, mit Nicol Williamson (Hamlet) und Anthony Hopkins (Claudius).
Hamlet, GB 1970, mit Richard Chamberlain.
To Be or Not to Be, USA 1983, Remake des Ernst-Lubitsch-Film mit Mel Brooks.
Hamlet Goes Business, Finnland 1987, Regie Aki Kaurismäkis (Hamlet als Industriellensohn; ironische Version mit Anklängen an Gangsterfilme und Série noire).

Hamlet, USA 1990, Regie Franco Zeffirelli, mit Mel Gibson.
Hamlet, GB 1996, Regie und Hamlet Kenneth Branagh, mit Kate Winslet, Julie Christie, Richard Depardieu, John Gielgud, Charlton Heston, Jack Lemmon.
Hamlet, USA 2000, Regie Michael Almereyda, mit Ethan Hawke, Sam Shephard und Bill Murray.

Zum Weiterlesen

Shakespeare, William: HAMLET. Zweisprachige Ausgabe. Neu übersetzt und mit Anmerkungen versehen von Frank Günther. Mit einem Essay von Manfred Pfister. München 1995

Bloom, Harold: SHAKESPEARE. DIE ERFINDUNG DES MENSCHLICHEN. Berlin 2000.
Höfele, Andreas: »Hamlet« in SHAKESPEARES DRAMEN. Stuttgart 2000.
Kott, Jan: »Der Hamlet der Jahrhundertmitte«, in: SHAKESPEARE HEUTE. München 1970.
Landauer, Gustav: »Hamlet« in SHAKESPEARE – VORTRÄGE, herausgegeben von Martin Buber. Hamburg 1962.
Loquai, Franz: HAMLET UND DEUTSCHLAND. ZUR LITERARISCHEN SHAKESPEARE-REZEPTION IM 20. JAHRHUNDERT. Stuttgart 1993.
Lüthi, Hans: DAS DEUTSCHE HAMLETBILD SEIT GOETHE. Bern 1951.
Pfister, Manfred: »Hamlet und der Deutsche Geist: Die Geschichte einer politischen Interpretation«, in: SHAKESPEARE-JAHRBUCH WEST (1992).
Rudnick, Hans (Hg.): WILLIAM SHAKESPEARE: »HAMLET«. ERLÄUTERUNGEN UND DOKUMENTE. Stuttgart 1972.
Schücking, Levin L.: DIE CHARAKTERPROBLEME BEI SHAKESPEARE. Leipzig 1919.

Meisterwerke kurz und bündig

Herausgegeben von Olaf Benzinger

Diese Reihe richtet sich gleichermaßen an den neugierigen Laien wie den ambitionierten Liebhaber der Meisterwerke abendländischer Kultur. Auf einen Blick erfährt man alles Wissenswerte über herausragende Werke der Literatur, Musik und Kunst. Inhalt, Entstehungs- und Wirkungsgeschichte sowie Zeittafeln, Figurenregister und Literaturhinweise machen jeden der einheitlich gestalteten Bände zu einem Kompendium.

Gerhard Fink
Homers Ilias und Odyssee
104 Seiten. SP 2885

Michael Lösch
Goethes Faust
128 Seiten. SP 2886

Robert Maschka
Wagners Ring
125 Seiten. SP 2887

Lieselotte Bestmann
Michelangelos Sixtinische Kapelle
136 Seiten mit einem farbigen Bildteil. SP 2888

Philipp Reuter
Prousts Auf der Suche nach der verlorenen Zeit
128 Seiten. SP 2890

Fritz R. Glunk
Dantes Göttliche Komödie
106 Seiten. SP 2891

Fritz R. Glunk
Dostojewskis Schuld und Sühne
133 Seiten. SP 3135

Gerhard Fink
Ovids Metamorphosen
127 Seiten. SP 3136

Dirk Heißerer
Thomas Manns Zauberberg
127 Seiten. SP 3141

Frank Zechner
Die vier edlen Wahrheiten des Buddha
124 Seiten. SP 3142

Michael Köhlmeier

Sagen des klassischen Altertums
189 Seiten. SP 2371

Die Begriffe sind jedem geläufig: vom Ödipus-Komplex bis zur Achilles-Ferse, von den Tantalos-Qualen bis zum Trojanischen Pferd oder zum Danaer-Geschenk, was übrigens genau dieses Pferd ist. Aber wer kennt noch all die Sagen und Geschichten wirklich, aus denen sie stammen? Wer hat heute noch die griechische Mythologie im Kopf? – Jene wundervollen Geschichten, auf denen soviel in unserer abendländischen Kultur basiert? Homer hat sie uns überliefert, und Köhlmeier erzählt sie uns neu – und ganz anders, als es Gustav Schwab tat.

Michael Köhlmeiers neue Sagen des klassischen Altertums von Eos bis Aeneas
222 Seiten. SP 2372

Michael Köhlmeiers neue Sagen des klassischen Altertums von Amor und Psyche bis Poseidon
215 Seiten. SP 2609

Die Nibelungen neu erzählt
127 Seiten. SP 2882

Vor achthundert Jahren entstand das Nibelungenlied. Michael Köhlmeier hat mündlich und frei seine Geschichten neu erzählt – vom jungen Königssohn Siegfried, seiner Werbung um Kriemhild, die schöne Schwester der Burgundenkönige, von ihrer Hochzeit am Hof zu Worms, von Siegfrieds Ermordung durch Hagen und schließlich von Kriemhilds furchtbarer Rache. Die abenteuerliche und märchenhafte Geschichte, wie Siegfried das Schwert Balmung bekommt, den Hort der Nibelungen erobert und dem Zwerg Alberich die Tarnkappe abgewinnt, sein Bad im Blut des Drachen, den er erschlagen hat, gehört zum klassischen Sagenschatz des Abendlandes – und ist erst der Anfang dieses Heldenepos, das Köhlmeier bis hin zum dramatischen und blutigen Fortgang der Ereignisse am Hof von König Etzel lebendig werden läßt.

Michael Köhlmeier

Telemach

Roman. 491 Seiten. SP 2466

Mit der Geschichte des Odysseus begann vor 2800 Jahren die europäische Literatur. Daß dieses alte Epos vom Mann, der durch die Welt irrt, von der Frau, die auf ihn wartet, und vom Sohn, der nach ihm sucht, bis heute lebendig ist, beweist Michael Köhlmeier in seiner wunderbaren Neuerzählung. Ohne Anstrengung schlägt diese Geschichte einen Bogen von der Antike in unsere heutige Zeit.
Im Mitttelpunkt steht Telemach, Sohn des Odysseus, der seinen Vater nie gesehen hat. Inzwischen ist er zwanzig Jahre alt, und der Krieg, in den sein Vater zog, ist längst vorbei. Im Haus des Odysseus haben sich die Freier breitgemacht. Sie werben um die schöne Penelope, die Gattin des Verschollenen. Telemach sieht dem Treiben der Freier mit Verzweiflung, aber hilflos zu …

»Federnder Witz und schäumende Fabulierlust machen diese verfremdete Zeitexpedition zur waren Lese-Lust-Wandelei.«
Focus

Kalypso

Roman. 445 Seiten. SP 2947

Kalypso, die verführerische Nymphe, braucht keinen Zauber und keine Gewalt, um den unglücklichen Schiffbrüchigen auf ihrer Insel Ogygia zu halten: Odysseus ist ihr verfallen. Wenn er für immer bei ihr bliebe, so verspricht ihm Kalypso, werde sie ihn unsterblich machen. Die Unsterblichkeit ist ein großes Versprechen und unsterbliche Liebe ein noch größeres. Zerrissen zwischen der Sehnsucht nach der Heimat, der Gattin Penelope, dem Sohn Telemach und der Begierde nach Kalypso, kann Odysseus sich nicht entscheiden.
Welch epochale Kraft und tiefbewegende Lebendigkeit heute noch in dem homerischen Epos von den Irrfahrten des Odysseus stecken, beweist Michael Köhlmeier auch in seinem zweiten, furiosen Roman über den größten Stoff der Weltliteratur. Mit Witz, unerreichter Kunstfertigkeit und kühner Raffinesse erzählt er dabei von Liebe und Tod, Verführung und Gewalt, von Glück und tragischer Verstrickung.

Michael Köhlmeier

Moderne Zeiten

Roman. 218 Seiten. SP 1942

»Vergnüglicher kann man Zeiten und Beziehungen, Wirklichkeit und Dichtungen kaum durcheinanderwirbeln . . .«

Neue Zürcher Zeitung

Die Musterschüler

Roman. 570 Seiten. SP 1684

»Michael Köhlmeier hat Schuld und Scham, Macht und Moral nicht pathetisch hochstilisiert. Vielmehr wickelt er den vielfach verknoteten Handlungsfaden straff, ja flott ab und genießt komische Situationen und witzige Pointen. Sein Stil ist elastisch, mal trockenlakonisch, manchmal auch bildhaft-mehrdeutig. Und, was am wichtigsten ist, er legt seine genau beobachteten und präzise charakterisierten Figuren nicht fest, sondern läßt ihnen den Spielraum, sich zu verändern.«

Frankfurter Allgemeine Zeitung

Dein Zimmer für mich allein

Erzählung. 110 Seiten. SP 2601

Die Figur

Die Geschichte von Gaetano Bresci, Königsmörder. 135 Seiten. SP 1042

». . . eine präzise kleine Studie über die Einsamkeit des Menschen bei der Tat.«

Süddeutsche Zeitung

Spielplatz der Helden

Roman. 348 Seiten. SP 1298

Trilogie der sexuellen Abhängigkeit

123 Seiten. SP 2547

In drei ganz alltäglichen Geschichten nimmt sich Michael Köhlmeier der drei klassischen Stationen auf dem Weg zwischen Liebe und Tod an: die Bewährungsprobe der Begierde, der Verlust der Liebe, verbunden mit der Raserei der Eifersucht, schließlich die Lust an der Rache.

Der Peverl Toni

und seine abenteuerliche Reise durch meinen Kopf. Roman. 341 Seiten. SP 381

Der Unfisch

Eine Erzählung. 128 Seiten mit 16 Seiten Filmfotos. SP 2765

SERIE PIPER

Joseph Conrad

Freya von den Sieben Inseln

Eine Geschichte von seichten Gewässern. Neu übersetzt und mit einer Nachbemerkung von Nikolaus Hansen. 128 Seiten. SP 2499

Auf einem Felsen steht Freya, die Königin der Sieben Inseln, in einem weißen Kleid und blickt aufs Meer: Sie wartet auf ihren Liebsten, den sie nur heimlich empfangen darf. Jasper Allen, Kapitän und Besitzer einer prächtigen Brigg, ist unsterblich verliebt in sie. Um in ihrer Nähe zu sein und ihrem Klavierspiel lauschen zu können, setzt er Schiff und Leben aufs Spiel. Freya plant in aller Heimlichkeit, die Insel mit Jasper zu verlassen. Doch durch die Blindheit und Unvernunft dreier Männer gerät ihr Traum von einer gemeinsamen Zukunft in Gefahr. Die Doppelbödigkeit und verblüffende Vielschichtigkeit dieses kleinen Meisterwerks üben einen unwiderstehlichen Sog auf den Leser aus.

Herz der Finsternis

Mit dem »Kongo-Tagebuch« und dem »Up-river Book«. Aus dem Englischen neu übersetzt und mit einem Nachwort von Urs Widmer. 208 Seiten. SP 2498

»Es ist der Bericht eines im wachen Leben erlittenen Albs, den Conrad nur mit Glück und für sein restliches Leben angeschlagen überstand… Plötzlich nimmt man lesend nicht mehr nur an einer abenteuerlichen Reise ins Innere Afrikas teil, sondern wird Zeuge einer viel intimeren, existentielleren Unternehmung; eine Reise in die Zeit, zurück zu den Ursprüngen, aus der unsere Triebe kanalisierenden Zivilisation in eine Welt, die keine Schranken kennt, in der ekstatische Erfüllung und gräßlichste Grausamkeit eins sind, ein regelrechter Gang ins Innere der Erde hinunter.«

Urs Widmer in seinem Nachwort

Lord Jim

Eine Geschichte. Aus dem Englischen nue übersetzt, mit Quellentexten, Anmerkungen und einem Nachwort von Klaus Hoffer. 560 Seiten. SP 2500

Camilo José Cela

Der Bienenkorb

Roman. Aus dem Spanischen von Gerda Theile-Bruhns. 274 Seiten. SP 782

Der Bienenkorb, das ist das Madrid während des Zweiten Weltkriegs, das ist das Café der Doña Rosa, Spiegel eines durch den Bürgerkrieg entwurzelten Kleinbürgertums und Drehpunkt vieler Lebensgeschichten. Von hier führen die Fäden in die Hinterhöfe, Parkanlagen und Absteigen Madrids, zu den sich ständig wiederholenden Szenen von Liebe, Ehebruch und Eifersucht, der Suche nach dem Glück und der Sinnlosigkeit des Daseins. Momentaufnahmen und Porträtstudien, kurze Einblendungen, skizzenhafte Erzählungen und Impressionen fügen sich zum Kaleidoskop, zum Panoptikum.

»In Celas Roman spricht der Mensch selbst und – nahezu – er allein. Dieser Erzähler ist ein Meister der Tonfälle, er versteht es virtuos, sein dreihundertköpfiges Personal zum Reden zu bringen.«

Frankfurter Allgemeine Zeitung

Jorgi Jatromanolakis

Der Schlaf der Rinder

Roman. Aus dem Neugriechischen von Norbert Hauser. 191 Seiten. SP 2515

Ein Morgen 1928 in einem Dorf auf Kreta: Als der Seifensieder, Seidenraupenzüchter und Geldverleiher Servos den Bauern Dikeos aufsucht, um seine Schulden einzutreiben, macht dieser kurzen Prozeß und erschießt ihn. Der Mörder flieht in die Berge. Sein Sohn Grigoris ist aus dem Gleichgewicht geworfen und fällt in den Schlaf der Rinder, ein Schlaf mit geöffneten Augen und wunderlichen Folgen: Die Sinne sind so geschärft, daß er in drei Kilometern Entfernung die Seidenraupen kauen hören kann, daß er durch geschlossene Türen sehen kann, daß er überall ist und nirgends. Mit diesem Mord wird eine Familienfehde entfacht, die über ein halbes Jahrhundert andauern wird. Als Markos, der Sohn des Opfers, Grigoris, den einzigen Nachkommen des Mörders ersticht, ist nicht nur das Gesetz der Blutrache erfüllt, sondern damit geht auch die Zeit der alten Mythen zu Ende.

SERIE PIPER

Max Aub

Die besten Absichten

Roman. Aus dem Spanischen von Eugen Helmlé. 272 Seiten. SP 2703

»Max Aub war ein Kartograph des menschlichen Unglücks. Sein Roman ›Die besten Absichten‹ beweist, daß er Meere voll trockener Tränen ausgelotet und eisige Wüsten der Einsamkeit vermessen hat. Natürlich brauchte Aub dazu jede Menge Humor. Wie hätte er sonst diese großartige Metapher für dieses unvergleichliche Jahrhundert gefunden: ›Man kann getötet werden, wenn man im falschen Moment vom Weinen rote Augen hat.‹«
Der Spiegel

Der Mann aus Stroh

Erzählungen. Aus dem Spanischen von Hildegart Baumgart, Albrecht Buschmann, Susanne Felkau, Stefanie Gerhold und Gustav Siebenmann. 279 Seiten. SP 2786

Max Aub ist eine der interessantesten literarischen Entdekkungen der letzten Jahre. Seine Meistererzählungen bieten ein aufregendes Kaleidoskop menschlicher Grundbedingungen, die er mit tiefsinnigem Humor, oft lakonisch und sarkastisch wie unter dem Mikroskop seziert. Menschenschicksale und die mystischen Landschaften Mexikos und Spaniens verschmelzen zu existentiellen Bildern, wie sie ähnlich nur Albert Camus heraufbeschwören konnte.

»Für mich ist Aub der größte, der von mir am meisten bewunderte und beneidete Schriftsteller, derjenige, von dem ich am meisten gelernt habe.«
Raffael Chirbes

Jusep Torres Campalans

Aus dem Spanischen von Eugen Helmlé und Albrecht Buschmann. Nachwort und biographische Notiz von Mercedes Figueras. 448 Seiten mit zahlreichen Abbildungen und einem farbigen Bildteil. SP 2787

Die Kunstwelt stand Kopf, als 1958 in Mexiko, begleitet von einer Ausstellung, die Biographie des bis dato völlig unbekannten Malers Jusep Torres Campalans erschien. Kunsthändler meinten, sich an den vergessenen Weggefährten Picassos zu erinnern, für seine Bilder wurden Höchstpreise geboten. Nur – es hat ihn nie gegeben. Wie der Maler eines kubistischen Gemäldes verbindet Max Aub Fiktion und Realität zu einem großen Roman über das Leben und die Kunst.